「悪」が変えた世界史 上

カリグラからイヴァン雷帝、ヴォワザン夫人まで

LES FIGURES DU MAL
HISTOIRES VRAIES

ヴィクトル・バタジオン 編

神田順子／田辺希久子／松永りえ 訳

原書房

「悪」が変えた世界史・上

カリグラからイヴァン雷帝、ヴォワザン夫人まで

◆目次

「悪」が変えた世界史◆下・目次

まえがき

人間の暗黒面

黒い瞳、ひそめた眉、冷笑を浮かべた口もとからのぞく牙のような歯…。悪は面白がっている。謎めいた作り笑いの仮面をかぶっているだけに、その裏にひそむ脅威はいっそう剣呑《けんのん》だ。目前にせまる、背筋も凍る脅威。卑劣漢は、鉤爪《かぎつめ》をすべて立てて襲いかかる瞬間を今かいまかと待っている。わたしたちをなんの価値もない餌食として引き裂くために。純粋な楽しみのために、もしくは破壊的な狂気ゆえに、または血に飢えているゆえに。その動機をつきとめることはむずかしい。錯綜していて、合理的に把握することはむずかしく、不明のままで終わることが多い…。太古から人類にたえずとり憑《つ》いている悪は狷介《けんかい》かつ執拗《しつよう》で、変幻自在である。彼は多くの名前をもっている。パズズ［メソポタミア神話の悪霊］、バアル［カナン地方の神であったが、旧約聖書では子どもの人身御供を求める禍々《まがまが》しい異教の神とみなされている］、ベルゼブブ［キリスト教における悪魔のひとつ］、悪魔、サタン、ルシファー、反キリスト、アスモデウス［ユダヤ教とキリスト教における悪魔のひとつ」などだ。彼は数多くの顔をもっていて、たえず変化して見る者の目を眩《くら》ます。欧州において彼のイメージが真に固まったのは一二世紀においてであり、彼がもつさまざまな渇望に呼応する形をとるようになった。人間にとって頭《ず》抜《ぬ》けた敵、対極の存在、もしくは底知れぬ恐怖の表象だ。神のおそるべきライバルである悪は、この世の影の部分、苦悩、苦痛、怒りを養分とする。彼の軍勢は、懊悩《おうのう》する罪深い魂を求めて、倦《う》むことなく人々を追いまわす。害をあたえることは彼にとって喜びだ。それだけでなく、他人の心のなかにある悪をあばきだすことも…

悪は、人間の運命に固有のものであるかのように根深い。わたしたちの魂、心、DNAのなかに彼がまいたおそるべき種は、このうえもない好機（見方によっては最悪の事態）が訪れたときに芽を吹こうと待ちかまえている。プラウトゥス［古代ローマの喜劇作者］、次いでトマス・ホッブスは「人は人に対して狼である」と考え、ジャン＝ポール・サルトルは「地獄、それは他人」と述べたが、「地獄はわれわれのうちにある」とみなすのが正しいように思われる。攻撃的で憎しみにあふれ、暴力的で醜悪、性悪そのものの言動に走ったことが一度もない者などいようか？怒り、妬み、憎しみ、嫉妬、復讐心の衝動につき動かされた経験が一度もない者など一人もおるまい。闇の王国をさまよい、冬の夜の暗い小径をうろつき、わたしたちの精神の曲がりくねった道をかぎまわっている悪（すなわちわたしたち自身）の突撃に対して、心の奥底で衝動の防波堤となっている倫理観（精神分析医がよぶところの超自我）はときとしてあまりにも無力である。

人間はたえず自己形成を続け、自己実現のために一心不乱の競争に身を投じ、自分の理想を無我夢中で追い求める。試練や罠《わな》は数多い。人間がたどる道は不可避的に、誘惑、（ユダヤ・キリスト教の伝統に根ざした）罪、過《あやま》ちで敷きつめられている。ヴラディミール・ジャンケレヴィッチ［フランスの哲学者、音楽学者］は著作『徳について』のなかで、「ゆえに、わたしたちはあらゆる過ちを犯す以前から罪人である、行為としての過ちはそれが犯される以前から潜在的な過ち、原始の過ちのなかにすでに存在している、と断言したくなる。もしだれも悪を犯さないとしたら、悪は存在しないであろう。もし人間の生がこれほどに深刻な混沌でなかったとしたら、だれひとりとして悪を犯さないであろう。悪は過ちの原因であると同時に結果なのだ。悪の原因を探る営みは堂々《どうどう》巡《めぐ》りなのだ」と述べている。ジャンケレヴィッチは人間の定めをかなり陰鬱なイメージでとらえているようだ。人間が本質的に罪人であるのは、悪が人間に先行して存在していて、人間の本質に強く影響しているからだ、という見解である。結局のところ、悪魔は、わたしたちのなかで燃えている誘惑の炎をかきたてるだけなのだ。悪魔は、わたしたちの弱み、すなわち不完璧な本性を凌駕できないわたしたちの無力をあばき出す。悪魔は、わたしたちの意思の敗北を早めるのだ。悪魔に対する恐怖が存続するのは人間の弱さゆえであり、この弱さこそが、何千年も前から存在する宗教の原動力である。人間は過ちを犯すことで、自分の本性との絆をとりもどす。ゆえに、一度でも誘惑に負けることは、制御不能な逸脱や不幸の扉を開くことを意味する……自分の存在を確立するために、他者の存在を無に帰せしめようと望むほどに？　むろんのこと、それほど極端な逸脱にいたる人間は少数である。人格や精神状態に左右されることは論をまたない。破壊願望の仕組みは複雑だ。しかし、ある種の人間においては、死の衝動に駆られると、タブーや倫理的歯止めはトランプの城のようにあっさりとくずれてしまう。何世紀にもわたって、何千人もの男と女が、醜悪さ、邪悪、残忍性を発揮してきたし、いまも発揮している。歴史の本をひもとく、新聞に目をとおす、テレビをつける、ラジオを聴く、電車のなかでスマートフォンをいじってニュースを検索するだけでわかることだ。

本書は、血に飢えた皇帝、捕食動物のように残忍な王妃、邪悪な専制君主、凶悪な犯罪者など、二〇名をとりあげている。古代から現代にいたるまでの陣容であり、全員が身の毛もよだつ恐怖の権化そのものである。狂気の専制君主カリグラ（一二―四一）は側近たちを心理的拷問にかけることに病的な喜びをおぼえ、死刑執行に嬉々《きき》として立ち会った。ジャンヌ・ダルクとともに戦ったことで有名なジル・ド・レ（一四〇五頃―一四四〇）は、おそろしいほどの数の子どもを陵《りょう》辱《じょく》して殺したのちに処刑された。バートリ・エルジェーベト伯爵夫人（一五六〇―一六一四）は、殺した若い娘たちの血を浴びて若さを保とうとした、と伝えられる。商売上手《じょうず》の占い女であったラ・ヴォワザン（一六三七頃―一六八〇）は、フランス史上もっとも有名な毒殺犯となり、ルイ一四世を大いに悩ませた。アンリ・デジレ・ランドリュー（一八六九―一九二二）は、女性たちを手玉にとって殺し、竈《かまど》に放りこんで始末した犯罪者であるが、犯行をくりかえす一方で、これといって問題のない父親として平穏な家庭生活を送っていた。専制的な体制の上に君臨していたラファエル・レオニダス・トルヒーヨ（一八九一―一九六一）は、ドミニカ共和国を蛮行の歳月に突入させた。のちに映画『ラストキング・オブ・スコットランド』の主人公となるイディ・アミン・ダダ（一九二三頃―二〇〇三）は、「大英帝国征服者」の肩書きを勝手に享受した野卑で粗暴な大男であり、独裁体制を敷いて約三〇万人の反対派を殺した。いまでもその名がハリウッドで恐怖とともに語り継がれている邪悪なヒッピー、チャールズ・マンソン（一九三四―二〇一七）はプロデューサーや作家にヒントをあたえ、彼の犯罪を下敷きにしたスプラッター映画やフィクションが数多く誕生した。

　人類が生み出したこれらの怪物の大半は、プラトンやアリストテレスをはじめとする古代ギリシア人が頽廃《たいはい》として定義したヒュブリス――情念がかきたてる極端な感情――にとり憑《つ》かれたものと思われる。彼らを特徴づける放蕩、きわめつきの傲慢、現実感覚の喪失、万能感などは、ヒュブリスの産物である。彼らにとって、ヒュブリスは魂を燃やしつくす火である。嫉妬深く復讐心に駆られる神々でいっぱいの神話には、規《のり》――世界の掟が人間に定めた限界――を越えてしまった者が数多く登場する。これらの呪われた人物は、神々と肩をならべようとしたゆえに、地獄の苦しみを味わうことになる。怒りっぽいオリュンポスの神々は、ネメシス（人間の傲慢を罰する女神）を遣《つか》わして彼らを罰した。オリュンポスの食物を盗んだタンタロスは、その「おぞましき」食欲のつけを、タルタロス〔冥界よりも下にある奈落〕での永遠の飢えと渇きで支払わされる。ゼウスの妻であるヘーラーに恋して、彼女を口説き落とそうとしたテッサリアの王、イクシーオーンは、たえず回転する火炎車にしばりつけられる。死（タナトス）をあざむいたシーシュポスには、大きな岩を転がして山頂まで運ぶ罰があたえられた。ところがこの岩は頂上に着くやいなや、谷底に落ちてしまうのでシーシュポスの苦しみは永遠に終わらない…。分をわきまえ、自分が置かれた立場に満足すべし。これこそ神話が人間にあたえる警告である。

こうした教訓にもかかわらず、人間は、ソフロスネー（克己節制）とは正反対のヒュブリスを犯しつづけた。多くの場合、権力欲がこうした過剰な逸脱の原因である。皇帝、国王、元首、そして当然ながら独裁者は、あらゆる制約を無視し、自分たちの臣民や同胞を虐待する。法や道徳の掟を破り、自分の意思を押しつけ、みずからの常軌を逸した願望を満たす。彼らにとって、目的はつねに手段を正当化する。ネロ（三七―六八）は、おそろしい女とはいえ母親であったアグリッピナを殺し、自分は芸術家であるとの夢想におぼれ、治世の終わりには嗜虐的かつ無慈悲にふるまった。憐憫の情とは無縁で、どのような手を使ってでもフランク族の国の玉座を守ろうとした王妃フレデグンド（五五〇頃―五九七）は十指にあまる暗殺を指令した。残忍な武人であったエッツェリーノ三世・ダ・ロマーノ（一一九四―一二五九）は、おのれの敵とその家族を残忍に斬《き》り苛《さいな》み、良心の咎《とが》めをおぼえることはなかった。添え名「串刺し公」がまことにお似あいのヴラド三世・ドラキュラ公（一四三〇頃―一四七六）は何千人もの敵を串刺しにした。悪名高き教皇、アレクサンデル六世・ボルジア（一四三一―一五〇三）は、限度を知らぬその強欲を邪魔する者たちを始末させた。イヴァン雷帝（一五三〇―一五八四）は豪腕で（これは婉曲表現である）ロシアを統治し、発作的な怒りに駆られてわが息子を殺した…。自分はバビロニアの新たな王であると信じていた、「バグダードの屠殺人」ことサッダーム・フセイン（一九三七－二〇〇六）は、クルド人やシーア派を容赦なく殺した。「権力は人を腐敗させ、絶対的な権力は人を絶対的に腐敗させる」とはよく言ったものだ。

以上の者たちを野蛮行為へと押しやる数々の「原因」は重なりあっていて、その中心にあるのは権力という概念だ。権力を取得するため、維持するため、強化するため…。哲学者かつモラリストであったブレーズ・パスカルは「権勢ある者のあり方に関する三つの論考」のなかで、権力者を次のように戒《いまし》めている。「（…）なによりも、自分という人間には他人よりもぬきんでているところがある、と考えて自分自身をとり違えてはなりません。人々が見誤《みあやま》ったゆえに、王に担《かつ》ぎあげられた者がいるとします。この者が本来の自分の立場を忘れ、この王国は自分のものになるべくしてなったのだ、自分にはそれだけの価値があったのだ、自分にはこの国の主《あるじ》となる正当な権利があったのだ、と考えるようになるとしたら、あなたはどう思われますか？　あなたは、この者の愚かさと軽率にあきれることでしょう。しかし、この者と同じように、本来の自分というものを奇妙にも忘れて生きている人が高貴な身分の方々のあいだで少ないといえましょうか？この助言がなんと重要なことか！　権勢ある者のあらゆる憤怒、あらゆる暴力、そしてあらゆる虚栄は、彼らが、自分たちが何者であるかを少しも知らないことから生じているのです」。権力者たちの頭を冷やすためには、彼らも命にかぎりがある人間であることを思い出させ、彼らが権力を行使できるのも偶然にすぎない、と言い聞かせる必要があるのだ。

二〇世紀に入ると、専制的な独裁者、大量虐殺者、原理主義者たちが狂気とイデオロギーを結びつけて、あらゆる過激に走った。毛沢東（一八九三―一九七六）は中国を「正しい道」に導くと称して、五〇〇〇万人近くの中国人の死をまねいた。スターリンに仕える「血まみれの小男」、ニコライ・エジョフ（一八九五―一九四〇）は度を越す熱意を示して、大粛清――スターリン体制のパラノイアが起こした大量殺戮――の指揮者となった。第三帝国のテクノクラートであったラインハルト・ハイドリヒ（一九〇四―一九四二）は、ヨーロッパのユダヤ人の大量虐殺を入念に計画した。おちつきはらった墓掘り人、ポル・ポト（一九二五―一九九八）は、祖国の新たな未来――むろんのこと、万人が平等な社会である――を築くためにカンボジア国民の四分の一を抹殺した。アルカーイダの創設者であるビン・ラーディン（一九五七―二〇一一）は、欧米に対する聖戦にのりだし、有名な二〇〇一年九月一一日の同時多発テロを指令した。

以上のすべてのおそるべき人物、悪霊《あくりょう》がわたしたちの近現代史に集中していることは事実だ。だが、一つ重要なファクターを覚えておこう。悪はつねに、社会・経済条件から養分をあたえられたときに残忍な規模に達する。そうなると、悪のウイルスは拡散し、疫病は制御不能となる。たとえば一九二〇年代、経済が疲弊しきったドイツの不穏な状況が救済者を待ち望み、スケープゴートを探し求める空気を醸成《じょうせい》し、反ユダヤ主義の狂気を育《はぐく》んだ。そして、クーデターをくわだてたが失敗して獄中で『わが闘争』という題名の雑な本を執筆した人物――アドルフ・ヒトラー

――を頂点に押し上げた。同じことが、トルヒーヨ、毛沢東、スターリン、アミン・ダダ、ポル・ポト、サッダーム・フセインについてもいえる。その一方で、ビン・ラーディンがたどった道筋は異なっていて、宗教的および教条的なファナティズムが権力奪取に結びつくことはなかった。

当然ながら、本書は歴史に残る悪の権化すべてを網羅《もうら》しているわけではない。アドルフ・ヒトラーやヨシフ・スターリンといった超大物をあえてはぶく、という方針のもとに編まれただけになおさらだ。超大物は有名すぎるために、集団の記憶のなかで、ラインハルト・ハイドリヒやニコライ・エジョフといった、希少で毒々しいほかの悪の権化の存在を霞ませているからだ。

執筆陣はすぐれたスペシャリストで構成されており、息をもつかせぬ展開の語りでおぞましい事実を伝え、悪霊たちを駆りたてた心理メカニズムを可能なかぎり解明する力量の持ち主である。心胆を寒からしめる話ばかりである。ほぼすべてが事実なだけに。

本書は共同著作であるが、構想のときにわたしがイメージしたのは、禍々《まがまが》しい肖像画を集めた画集というよりは、すべてのパネルを開くと一つのまとまりのある絵画が姿を現わす、折りたたみ式の祭壇画である。人間の暗闇を「リアルに」描いた壮大な作品となるように。この本を読むことはある意味で、人間の魂のはかりしれぬ奥底に潜入する体験である…

ヴィクトル・バタジオン

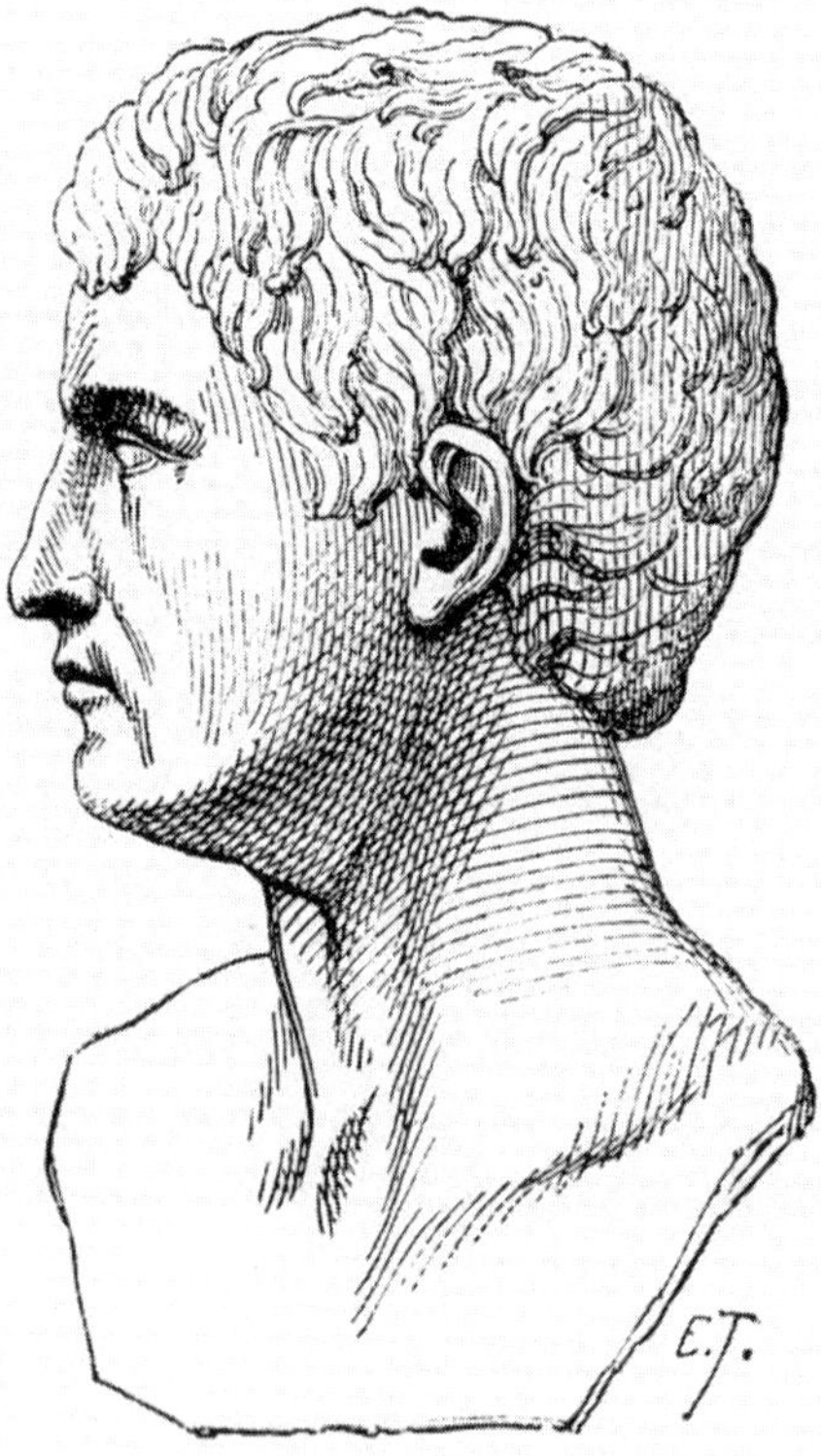
E.T.

1

カリグラ
狂気のローマ皇帝

（一二―四一）

ユリウス・クラウディウス朝に属する第三代ローマ皇帝、ガイウス＝カリグラの在位期間はわずか四年であった。正体不明の病に罹患し、財政危機をまねくほど高くつく奇行で知られるカリグラは、誇大妄想の暴君として君臨し、理由もなく数多くの重要人物を処刑した…。彼の名は、狂気、残忍性、想像力を越える突飛な言動の同義語となった。とはいえ、カリグラについてわれわれが知っていることは少ない。伝わっている主要な（しかも、ほぼ唯一の）史料は、スエトニウス（七〇頃―一二二頃）の証言である。ただし、スエトニウスはユリウス・クラウディウス朝には好意的ではないので、彼の『ローマ皇帝伝 カリグラ』は客観性を欠いていると考えられる。ゆえにスエトニウスはカリグラの悪逆非道を誇張して描いた、といえるかどうかはわからない…。いずれにせよ、狂気の皇帝というイメージは現在にいたるまで固定している。

二歳の幼児が自分の前で行進しているのを見た一人の兵士は、「われらがガイウスは軍団の一員となった！」と言って大笑いした。幼児、すなわちガイウスは、自分の背丈にあわせて作られた軍団兵の身支度をまとっていた。しかも足もとは、軍団専属の靴職人が作ったミニチュアのカリガエ――重たくて履き心地の悪い兵士用編み上げ靴――で固めていた。こうした扮装の幼いガイウスが得意げに自分たちの前を歩くのを見て、軍団兵たちは大いに面白がった。こうして、この子は軍団のマスコットとなり、兵士たちは愛情をこめてカリグラ（小さなカリガエ）という綽名《あだな》を進呈した。ガイウスは生涯、この名でよばれることになる。

皇帝の子ども時代

ふくらはぎのぽちゃぽちゃした肉がカリガエの編み目からはみ出していたこの幼児の父親は、皇帝ティベリウスの甥にして後継者に指名されていたゲルマニクスであった。優秀な司令官であったゲルマニクスは、ローマ市民のあいだで絶大な人気を誇っていた。ハンサムで教養があり、まことに勇敢。ゲルマニクスは、司令官に求められる身体的および精神的な資質をすべてそなえていた。しかも、なみはずれたカリスマ性があっても気どったところは皆無であったので、申し分がなかった。妻の大アグリッピナ（初代皇帝アウグストゥスの孫娘）は、ローマの良妻賢母のお手本のような女性だった。貞淑だがエネルギッシュで大胆な彼女は、遠征の先々まで夫に同行するのが常だった。支配階級の少子化が進んでいた当時としてはめずらしく、大アグリッピナは多産であり、紀元後六年から一八年のあいだに九人の子どもを産んだが、そのうちの三人は幼児期に死んだ。一二年にガイウスが生まれたとき、彼には二人の兄、ネロとドルススがいた。ガイウスのあとには、三人の女児が続く。小アグリッピナ、ドルシッラ、そしてリウィッラである。一家は、配属指令と季節に応じて駐屯地を転々とするゲルマニクスにつきしたがった。

一四年の八月、初代皇帝アウグストゥスが死去し、ティベリウスが帝位を継いだ。ゲルマニアとパンノニアの軍団は、皇帝の代替わりは待遇改善を求める好機だと考えて騒乱を起こした。反乱兵士たちをなだめる使命をおびて派遣されたのはゲルマニクスであり、そのかたわらには妊娠中の妻と幼いガイウスの姿があった。不測の事態をおそれたゲルマニクスは、危害から守るために家族を安全な場所に移す、と発表した。ガイウスを腕にかかえた大アグリッピナの姿を見た兵士たちは、マスコットであるガイウスを自分たちから引き離さないでほしい、とゲルマニクスに懇願した。荒くれ兵士たちの反乱はこれでおさまった。

一八年、先帝アウグストゥスが将来はゲルマニクスを帝位につけたいと願っていただけにゲルマニクスに警戒心をいだいていた皇帝ティベリウス［ゲルマニクスはアウグストゥスの実の姪の息子であり、血がつながっていた。これに対して、ティベリウスはアウグストゥスの再婚相手リウィアの連れ子であった］は、オリエントの諸州巡察をゲルマニクスに命じた。ゲルマニクスの妻と幼いガイウスもこの旅に同行した。アルメニア、エジプト、ユダヤ、シリア…。一行がアンティオキアに滞在していた一九年、ゲルマニクスは急病に倒れ、三三歳という若さで亡くなる。シリア総督ピソに毒殺されたのではないか、指令を出したのは皇帝ティベリウスかもしれない、とだれしもが考えた。ローマの葬礼の決まりにしたがい、息子ガイウスが見守る前で、遺体はアンティオキアの広大なフォルムで荼毘《だび》に付された。絶大な人気があったゲルマニクスの死の知らせに、ローマ市民は嘆き悲しんだ。アグリッピナのローマ帰還はドラマティックであった。彼女が乗った船がブリンディシウムに着くと、浜辺、港、城塞は泣きくずれる人々で満ちあふれた。喪服をまとったアグリッピナは、ガイウスと、旅の最中《さいちゅう》にレスボスで生まれたリウィッラとともに下船した。彼女が亡夫の遺灰を納めた壺をかかげてみせると、人々の嘆きの声はいっそう高まった。

母と六人の子どもはローマへと向かい、新たな生活をはじめた。ティベリウスにとって、夫は皇帝の命で毒殺された、と公言する大アグリッピナはじつに目ざわりであった。それ以上に、彼女の長男と次男（ネロとドルスス）を警戒した。ティベリウスの懸念は、二人が元老院議員の多くから支持されて自分を排除しようと目論《もくろ》むことだった。二六年、ティベリウスと大アグリッピナの確執は決定的なものとなった。それから三年後、ティベリウスは彼女と上の息子二人を逮捕させた。大アグリッピナはパンダテリア島に流刑となり、劣悪な待遇と屈辱に苦しみ、三三年に餓死した。捕らえられていた二人の息子も同じ運命をたどる。

母親が逮捕されると、カリグラ（ガイウス）と妹たちは、曾祖母のリウィア（初代皇帝アウグストゥスの未亡人）に引きとられた。リウィアが二九年に亡くなると、祖母のアントニア［初代皇帝アウグストゥスの姉オクタウィアとマルクス＝アントニウスのあいだにできた娘］が子どもたちの面倒を見ることになった。ガイウスが一九歳になると、すっかり厭世的となってカプリ島に隠棲していたティベリウスは彼をよびよせた。ティベリウスの実の孫であるゲメッルス［一九年生まれ。ティベリウスの息子である父親ドルススは、二三年に暗殺された］は未成年であるため、ガイウスは皇位継承権がある唯一の成人であった。壮麗な皇帝別荘で、カリグラは若い皇族ならではの気ままな生活を送った。スエトニウスによると、彼は「売春宿にひんぱんに出入りし、良家の奥方をくどき、卑猥な踊りと歌を愛好」し、「喜びを隠そうともせずに残酷な処刑に立ち会った」

幸先がよいと思われた治世のはじまり

三七年三月一六日、年老いたティベリウスはミセヌムで死去した。隠然たる勢力を誇っていた親衛隊長官マクロは、帝国のすべての軍人にガイウス（カリグラ）への忠誠を誓わせ、ガイウス皇帝就任の道筋をつけた。ガイウスがティベリウスの遺体につきそってイタリア半島を縦断すると、各地で喜びにわく群衆にとり囲まれた。三月二八日にローマに着くと、群衆は熱狂した！頭脳がすぐれて教養があると噂される二五歳の美青年は、「われらの星、われらの坊や、われらの赤ちゃん、われらの乳飲み子！」と叫ぶ群衆に大歓迎された。実際のところ、ローマ市民はカリグラのことなどなにも知らなかった。彼は父親ゲルマニクスの絶大な人気の恩恵にあずかったのだ。その後の三か月間に、新皇帝就任を祝って一万六〇〇〇を超える動物が生け贄《にえ》として捧げられた。

統治がはじまってからの数か月間、カリグラのふるまいは民衆の熱烈な支持に見あったものだった。カリグラは雄弁家であり、芸術やダンスや歌を愛好し、戦車競走や剣闘士の試合の熱心な観客であってときには自分も実践していた（これが、カリグラの人気をいっそう高めた）ことが知られている。すべての人、とくに元老院を味方にしようと考えたカリグラは、ティベリウス時代に有罪判決を受けた者や追放刑に処された者に恩赦をあたえ、彼らに不利な証拠文書を焼却させた。次に、流刑の地で死んだ母親と兄ネロの遺灰をローマに運び、厳かな儀式をとりおこなってアウグストゥス廟に安置した。家族から知的障害者扱いされて公務から遠ざけられていた叔父のクラウディウス（のちの皇帝、在位四一―五四）は執政官に任命された。さらに、ティベリウスの遺贈金を現金で市民にばらまき、不人気な税を廃止し、ティベリウスが没収した財を外国の王たちに返還した。

順調な滑り出しだった。ローマ市民の「坊や」は臣民の期待にこたえた。

謎めいた病気

三七年五月、祖母のアントニアが亡くなった。母がわりに育ててくれたこの老婦人は、カリグラによい影響をあたえることが可能な唯一の人物であった。同じ年の秋、カリグラは重い病に倒れ、回復しないのではと懸念された。ローマ市民は絶望にくれ、カリグラが住まいとしている、パラティヌス丘陵に建つ先帝ティベリウスの大邸宅の周辺でいく夜も祈った。一か月後、敬愛される皇帝は回復したが、もはや以前とは異なる人物となっていた。それからは、子どもじみて悪趣味なおどけ者としてふるまったかと思うと、危険きわまりない犯罪者のような言動をみせた。カリグラがかかった病気がどのようなものであるかについては、多くの仮説が提示されているが、納得できる結論はまだ出ていない。少年時代のトラウマが精神異常の土壌となった可能性はある。ユリウス・カエサルの血縁者の大多数と同様に、カリグラは癲癇《てんかん》の発作にみまわれることがあった。しかし、現実との接点を失っていたわけではないので、カリグラを真の意味での精神錯乱者とよぶことはできない。

　不眠症となったカリグラは一晩に三時間以上眠ることはなく、睡眠中はおそろしい悪夢にうなされた。彼は夜間、皇宮のなかを歩きまわって時間をすごした。ときには、抑えることができない興奮に襲われた。カプリ島時代に守っていた厳格な食生活を放棄し、暴飲暴食が日常となった。水で薄めないままの葡萄酒を鯨飲し、菓子やその他の食物をたらふく胃につめこんではただちに吐いた。外見も変わってしまった。壮健な若い男性の面影はなくなり、げっそりと痩せ、手足がアンバランスとなり、顔色は青ざめ、眼窩《がんか》の奥に引っこんだ目はすわっていて、見る者を怖がらせた。頭頂は禿げあがり、側面にわずかな髪が残っているだけだった。悪戯心《いたずらごころ》を起こしたカリグラは、鏡の前で練習したしかめっ面で自分の顔をいっそう醜く見せ、人々に嫌悪感と恐怖を吹きこんだ。

元老院議員に対する激しい憎しみ

カリグラは、君主には似つかわしくない悪ふざけに興じ、しかもその悪趣味ぶりは時間とともにひどくなり、ときには嗜虐的な処刑に手を染めた。元老院議員と貴族を嫌悪したカリグラは、自分はきわめつきの民衆派であるという口実のもと、彼らをたえず愚弄した。それだけならまだしも、処刑することもあった。たとえば、親衛隊長官マクロとその妻のエンニアは自害を強要された。自分が帝位につくのに力をつくしてくれたマクロがあれこれ苦言を呈するのが我慢できなくなったからだ。ティベリウスの孫で、次の皇位継承者となりうるゲメッルスも難をのがれることができず、陰謀をはかったと責め立てられ、自害して果てた。

皇帝散策のおりに、元老院議員たちが、着ているトガに足をとられながらカリグラが乗る車に並走させられる光景がたびたびみられた。競技場では、観客をわかせる上質な見世物のかわりに、八〇歳を超えた剣闘士同士を戦わせ、老齢もしくは体が不自由な名士をみすぼらしい動物と対決させせた。父親たちは、実の息子の処刑への立ち会いを強制された。ある議員は腹をさかれ、引き出された内臓はローマの街路にまきちらされた。立派な市民を檻に閉じこめて、動物さながらに四つ這いの姿勢を保つよう強制したこともある。皇帝の見世物と狩猟の監督官を鎖で打つよう命じ、この拷問を何日間も見物し、腐敗した脳みそが放つ悪臭に耐えられなくなってようやく殺すように命じた、との話も伝わっている。カリグラが邪悪な喜びに舌なめずりしながら、このうえもなく残酷な仕打ちを考案していたことを示す、こうしたおぞましいエピソードはほかにもいくらでもある。

とくに気に入っていたのは、元老院議員をいたぶることだった。彼らに大きな恐怖をあたえることができると、カリグラは有頂天になった。たとえば、真夜中にパラティヌスの皇宮に、執政官を経験したことがある議員三名を招集したことがある。どのような目にあわされるのかと、おそれおののく三人の老人は、壇上に登るようにうながされた。すると突然、やかましい音楽が鳴りひびき、透明な長衣をまとった皇帝が疾風のように登場し…踊りはじめた。三人の議員は、皇帝が考えついた斬新なダンスのステップをどう思うか、感想を述べるように求められた！　ある宴会のさなか、カリグラは急に笑い出した。隣に座っていた二人の執政官が、何がおかしいのかをたずねると、次のような答えが返ってきた。「自分が頭を動かして合図するだけで、おまえたち二人の喉をただちにかき切らせることができると考えると愉快だからさ！」

愛馬インキタトゥスと食事をともにし、執政官に任命しようとした、という有名なエピソードも、カリグラの元老院に対する姿勢をふまえて解釈すべきだ。狂気ゆえの愚行ではなく、議員らを愚弄するためだ。ただの馬であっても、あの無能な連中と同程度に執政官をつとめられる、との挑発だったのだ。

このような指導階級嫌悪は、カリグラは民衆派であった、という証拠なのだろうか？　たしかに、カリグラは平民に対して驚くほどの思いやりを示すことがときどきあったが、それは民衆を扇動するためだけであった。いずれにしても、カリグラは身分の低い者も、貴顕と同じように苦しめることを躊躇《ちゅうちょ》しなかった。例をあげるならば、ある日のこと、宴席で一人の奴隷が寝椅子から銀糸を一本引きぬいてしまった。ただちに罰がくだった。奴隷の両手は斬り落とされ、本人の首からつり下げられた。気の毒な奴隷は、この血だらけのネックレスをまとったまま、招待客たちのまわりを一巡するよう命じられた。カリグラはまた、食事が長引いてだれると、牢獄から囚人をつれてこさせ、皇帝付きの死刑執行人に首を斬り落とさせた。ただし、一度に斬り落とすのではなく、少しずつ何度も刃をあてるよう求めた。「そやつが、自分が死にゆくのを実感できるように斬れ」という命令だった。そもそもカリグラは、「彼らがわたしをおそれるのであれば、憎まれてこそ本望だ！」とことあるごとに述べ、ローマの民衆が一つの頭であればよかったのに、そうすれば首斬りの処刑も手間がかからないのに、と嘆いた。

複雑な欲望

元老院議員たちを公然と侮辱する機会を一度たりとも逃すまいと考えたカリグラは、彼らに妻を同伴して公式の宴会に来るよう招待した。皇帝は、議員の配偶者である上流夫人たちを奴隷商人さながらにじっくりと品定めした。その後、宴会の途中で、何度か席を立ったが、毎回、気に入った女性に同行を命じた。そして、淫らな行為にふけったことがあからさまにわかる風体で宴席に戻ると、相手をしたばかりの若い女性の体の長所と短所、彼女とのセックスの何がよかったか、悪かったかを微に入り細にわたり月旦《げったん》した。夫の困惑と声に出せない怒りはいかばかりのものだったろう！

カリグラは四回、結婚した。最初の妻、ユニア・クラウディッラは三六年にお産で死んだ。その後は、元老院議員の妻を次々に奪って結婚する。三八年、カリグラはカルプルニウス・ピソとリウィア・オレスティッラの結婚式に列席した。この式の真っ最中にカリグラは花嫁を奪い、妻としたが、数日後に離縁した。翌年、ロッリア・パウリーナを夫メッミウスから奪ったが、また も短期間で離縁した。四〇年、今度は妊娠八か月の人妻カエソニアに白羽の矢を立てた。カエソニアは若くもなければ、美人でもなかったが、「悪徳と放蕩に身をもちくずしていた」ことがカリグラの眼鏡にかなった。カリグラは、兵士の扮装をして馬にまたがったカエソニアを自分の脇にしたがわせ、兵士たちに披露した。夫からカエソニアを奪ってから一か月後、彼女が女児を産み落とすと、カリグラはこれを養女とし、皇帝の子どもは一か月で産まれる、と自慢した。彼の血を引いた実の娘、ユリア・ドルシッラは一年後に誕生する。この皇女は、両親の悪癖を引き継いでいた。ごく幼いころから、遊び仲間の子どもたちの顔をひっかき、目の玉をくりぬこうとした…

カリグラの性生活は、彼の人格をそのまま反映していた。すなわち複雑で、往々にしてあいまいだった。他人の妻を奪うことだけで満足できず、売春婦たちのもとを足繁く訪れ、妹たちを相手に近親相姦を犯し、義弟のレピドゥスと俳優のムネステルを愛人とした。こうした乱脈な性生活はカリグラにとって、自分は神と同じくなにをしても許される、と主張する手段であった。彼にとって自分の獲物となった相手は、病的な倒錯性を発揮する対象であった。女性に接吻するときは毎回、「この魅力的な顔も、わたしが命令するやいなや首から斬り落とされるのだ！」と叫ぶカリグラだった。

途方もないくわだて

「昼を夜に、海を陸に変える」、アルプスの頂上に町を建設する、コリントス地峡に運河をとおす、平野を山々の高さまでかさ上げする…以上は、皇帝カリグラが思いついた突飛な計画の一部である。実現したのは一つだけ、ナポリ湾のバイアとポッツオーリのあいだに、船をならべた長さ約五キロの浮き橋を架けたことである…。先帝ティベリウスに「ガイウスが皇帝になるのは、バイア湾を馬で渡るよりもむずかしい」と述べた占星術師トラシュルスを見返すためであった。皇帝となったカリグラは、この挑戦を受けて立ち、商船を動員して浮き橋を作れ、と命じた（エジプトから小麦をローマに運搬していた商船が大量に動員されたために、大飢饉が起こった）。これらの船が二列にならんで投錨すると、甲板を土ですっかり覆《おお》った。カリグラはその後の二日間を、この「街道」を行ったり来たりしてすごした。一日目は馬にまたがって。二日目は、親衛隊と車に乗った友人たちをしたがえ、二頭の馬が牽《ひ》く戦車に乗って。夜には、大宴会を催した。だが、お開きは平穏とはほど遠かった。たらふく食らい、葡萄酒を浴びるように飲んだカリグラは、少なからぬ陪食者を海につき落とし、船嘴《せんし》［敵艦をつき破るための突起］をそなえた船を向かわせて彼らを溺死させた。

カリグラは次に、ガリアとゲルマニアにおもむくことにした。彼はほぼ一年間、ルークヌドゥム（現在のリヨン）に滞在して豪奢な宮廷生活を送った。ギリシア語およびラテン語による雄弁を競う大会が開催され、皇帝のお気に召さない弁論を展開した参加者には、原稿の文字を自分の舌で消す罰があたえられた。誇大妄想にとり憑《つ》かれたカリグラは、ユピテルの扮装でルークヌドゥム市民の前に姿を現わした。これを見た当地のある靴職人が笑い出した。怒ったカリグラが「わたしはだれに似ているのかな？」とたずねると、「大ばか者です！」との答えが返ってきた「なぜか、この靴職人はお咎《とが》めなしだった、と伝えられる」。

滑稽なばかりでなんの成果も得られなかったゲルマニア遠征のあと、カリグラはブリタンニア侵攻計画をあたためた。そして、ローマ帝国のさまざまな駐屯地から軍団をよび集めた（そのために、国境警備が危険なほど手薄になってしまった）。皇帝は兵士たちを大西洋の岸辺に展開させ、攻城機具をならべさせた。ラッパの音が響いて戦闘開始を告げた…。ここで突然、カリグラは軍団兵たちに浜辺で貝殻をひろうように命じ、「これぞ、カピトリヌスに納めるべき海の戦利品だ！」とご満悦となった。そして道を引き返した。

派手好きの皇帝

カリグラはむちゃな浪費によって一年もたたないうちにティベリウスが蓄積した莫大な国の資

産を使いはたした。大理石の厩《うまや》と象牙の飼葉桶をそなえた愛馬インキタトゥスの宮殿をはじめとして、数多くの壮麗な館を建造したのにくわえ、「浮かぶ宮殿」とよべる前代未聞の豪華なガレー船を建造するために莫大な資金を投じた。戦艦よりも長大で、一〇列の漕ぎ手によって操船される巨船であり、船尾は貴石で飾られていた。こうした船のうちの一艘は、浴場、柱廊、食堂、葡萄畑、果樹園が配された広大なデッキをそなえていた。カリグラは、カンパニア地方の海岸沿いを航行しながら、踊りや観劇を楽しみながらの宴会を昼日中《ひるひなか》から催すことができたのだ。

カリグラは黄金に魅せられていた。ゆえに、皇宮の一室を金貨で満たし、金貨の上を転げまわってうっとりとした…群衆の頭上に金色の雨としてまきちらすこともあった。宴会では、表面を金の層でおおった食べ物やパンを用意させた。服装も同じように派手であった。金糸で刺繍をほどこした透明な絹の長衣、真珠を編みこんだアンクルブーツ、といった具合だ。三番目の妻、ロッリア・パウリーナは、ある婚約式の宴席に、エメラルドと真珠を全身にまとって登場した。

こうしたぜいたくは当然ながら、非常に高くついたので、国庫は空になった。新たな収入源を見つけねばならない。アイディアに事欠《ことか》かなかったカリグラは、見つけることができた。増税、もしくは新税の創設は序の口だった。彼は、市民権を取得した者の子どもの市民権を剥奪し、大枚をはたいて市民権を買いとるよう強要した。さらに、ティベリウス治世下で死んだ百人隊長たちの遺言状を無効として、彼らの遺贈を国庫に入れた。さらに、徴税請負人に新たな形態の税を徴収させることにした。食料品を扱うローマの商人は、法外な税の支払いを余儀なくされた。荷かつぎ人夫と売春婦は、日々の稼ぎの八分の一を納税することを義務づけられた。一件一件の訴訟にも新税が課せられることになった。新税の導入を公知することは法律上の義務であったので、カリグラは以上のもろもろの新税創設を、だれも読めないほど細かな文字で官報の片すみに記載させた。カリグラはさらに、きわめて富裕な人々の財産を没収した。彼は年初に、お年玉をよこすようローマ市民に求めた。皇宮の玄関に陣どったカリグラは、貧しい階級から富裕階級にいたるまで、すべてのローマ市民が掌《てのひら》いっぱいに、もしくはもちあげたトガの裾いっぱいに持ちよった金銭を受けとった。娘が誕生したときは、公衆の面前で、自分には娘を扶養する資力がない、と嘆いてみせ、献金を市民に義務づけた。

こうして浪費に浪費を重ねたあげくのはて、カリグラは節約を心がけるようになった。見世物にかんしては、高価すぎる野獣の購入を避けるため、野獣を死刑囚に置き換えた。リヨンに滞在していたときは、皇室財産の一部を競売にかけさせた。次に、ローマから家具調度類をもってこさせ、これも売りはらった。こうした資産の運搬のため、カリグラは賃貸し車両とローマ市内の粉ひきが使っている馬を徴発したので、首都の住民はパン不足で飢え苦しんだ。カリグラは妹たちを裏切りの廉《かど》で断罪し、目の玉が飛び出るような価格を設定してから、彼女たちの全財産、宝石類、家具調度、奴隷を競《せ》りにかけた。別の折には、パラティヌスの丘に皇室財産を集め、競売を開催した。競売吏の横に立ったカリグラは、それぞれの品がだれの持ち物であったかを金切り声を上げて説明した。「これはわたしの母の持ち物だった…これは、父のものだった…そして、こいつは祖母アントニアのものだった…これは、アウグストゥス帝の妻が所有していた…」といった具合である。

アイディアの枯渇とは無縁だったカリグラは、皇宮に売春宿を設置し、数多くの個室に良家の夫人や自由身分の少年たちをひかえさせた。皇帝の使用人たちが広場やバジリカをめぐり歩き、少年から老人まで、あらゆる年齢の市民を客としてよびこんだ。しかも、料金は法外であり、客たちは皇宮の入り口で金を高利で借りることを余儀なくされ、彼らの名前は帳簿に記された。

オリエントの夢

四〇年にガリアから戻ったカリグラは、またしても常軌を逸したくわだてに夢中となった。彼は、自分の曾祖父がマルクス＝アントニウス〔オリエントを支配してクレオパトラと組み、ローマの覇権をアウグストゥスと争った〕であることを忘れていなかった。祖母のアントニア（マルクス＝アントニウスの娘）から、アントニウスとクレオパトラがアレクサンドリアで送っていた「比類なき暮らし」について聞いたことがあった。そもそも、カリグラに直接仕えていた使用人たちはほぼ全員、エジプト出身者であった。彼は少しずつ、エジプト熱にとり憑《つ》かれるようになり、オリエント君主のようにふるまうようになった。クレオパトラを模倣して、大粒の真珠を酢で溶かして飲み干し、平伏を新たな謁見儀礼とした。すなわち、元老院議員たちに、ひざまずいて自分の足に接吻することを義務づけた。

カリグラはイシス信仰を公認したのち、エジプトのファラオにならって自分自身の神格化にとりかかった。好きなときにユピテル神［ギリシアのゼウス神に相当］と語りあうために、パラティヌスとカピトリヌスを歩道橋で結んだ［ユピテル神殿はカピトリヌス丘陵に、カリグラが住む皇宮はパラティヌス丘陵にあった］。彼は市内のフォルムを飾るすべての偉人の立像の頭部を切断させ、自分の顔に置き換えさせた。はじめのころ、彼はアポロ、ヘラクレス、メルクリウス、アレスとの同化を試み、これらの神々のいずれかに扮装してローマ市内を歩きまわった。次に、ユピテル神になり代わることにした。カピトリヌスのユピテル神像をとりはらい、替わりに自分の立像をすえた。カリグラは、この像の複製をアテナイのパルテノンと、エルサレム神殿の至聖所に納めようも考えた（これを知ったユダヤ人たちは憤激し、特使を送って抗議した）。

またもエジプトの君主をお手本にして、カリグラは妹たちとの肉体的一体化も実践した。祖母のアントニアのもとで暮らしていたころのカリグラが、また少女であった三人の妹（アグリッピナ、ドルシッラ、リウィッラ）と近親相姦の関係をもっていたことはほぼ確実だと思われる。皇位につくと、すでに結婚していたドルシッラを自分の正妻であるかのように遇した。だがドルシッラは三八年に若死にしてしまう。カリグラは大いに嘆き悲しみ、国をあげての長期間の服喪を命じた。ドルシッラは神格化され、彼女の像は礼拝の対象とされた。

暗殺

カリグラの常軌を逸したくわだてと残忍性に対する抗議の声はしだいに大きくなった。いくつもの陰謀が練られたが失敗に終わった。四一年、親衛隊の長官アッレキヌス・クレメンスと二名の将校（カッシウス・カエレアとコルネリウス・サビヌス）、解放奴隷のカッリストゥス、元老院議員二名（アッニウス・ウィニキアヌスとウァレリウス・アシアティクス）が謀《はか》って、だれにとっても耐えがたい存在となった皇帝を抹殺することにした。四一年一月二四日、午前中に競技会を楽しんだカリグラは地下回廊を通ってパラティヌスに戻った。ある歩廊にさしかかると、その夜に舞台にあがる予定のエジプト人少年俳優の一団と出会った。カリグラは立ち止まり、少年らに話しかけて激励した。暗殺計画の共謀者たちは、この機を逃すまいとした。皇帝の背後にいたカエレアが口火を切り、猛烈な勢いでカリグラの両肩のあいだに剣をつき立てた。カリグラはよろけた。彼の前に立ちはだかったコルネリウス・サビヌスは心臓を狙って一撃をくわえた。床に転がったカリグラは背中を丸め、自分はまだ生きている、と叫んだ。すると、ほかの共謀者たちも襲いかかって短刀を何度もつき立てたので、カリグラは事切《こと き》れた。これに続き、一人の百人隊長が剣をふるってカリグラの妻、カエソニアを殺した。幼い皇女、ユリア・ドルシッラは壁にたたきつけられて死んだ。

ガイウス＝カリグラは、在位三年八か月で死んだ。享年二八歳。彼は、殺されて治世を終えたはじめてのローマ皇帝である。その誇大妄想、悪ふざけ、おぞましい残忍性ゆえに、カリグラはローマの人々にとって皇帝権力の歪んだ象徴となった。

カトリーヌ・サル

参考文献

AUGUET Roland, *Caligula*, Paris, Payot, 1975.
BALSDON J.P.V.D., *The Emperor Gaius*, Oxford, Clarendon Press, 1934.
BARRETT A.A., *Caligula. The Corruption of Power*, Londres, Batsford, 1989.
JERPHAGNON Lucien, *L'Histoire de la Rome antique*, Paris, Tallandier, 1987.
LE BOHEC Yann, *Naissance, vie et mort de l'Empire romain, Paris*, Picard, 2012.
MARTIN Régis F., *Les Douze Césars. Du mythe à la réalité*, Paris, Les Belles Lettres, 1991.
NONY Daniel, *Caligula*, Paris, Fayard, 1986.

2　ネロ

華麗なる道化

（三七―六八）

ネロはユリウス・クラウディウス朝最後のローマ皇帝。母親アグリッピナの手腕によって皇位についたときはまだ一〇代であった。功罪両面が指摘される人物であり、「功」があったのは確かだが、「罪」を無視するわけにはいかない。一四年の治世のあいだ、ネロは自身の美学にもとづいた大がかりな構想を実行してローマ改造に取り組んだ。彼は自分に異を唱える者に対して無慈悲であり、母親、弟、妻を殺すのもためらわなかった。

「アグリッピナとわたしのあいだには、忌まわしく国家にとって不吉な子ども以外、生まれるはずがない！」。これが、生まれたばかりの息子に対する父親の歓迎の言葉であった。三七年一二月一五日、ラティウムのアンティウム（現アンツィオ）にある皇帝の所有地での誕生であった。逆子であったために難産であった。赤児が産道から出てきたとき、昇る太陽がその小さな顔を照らした。これは、華々しい運命の先ぶれにちがいない…。産湯をつかわしたあと、産婆は慣習にしたがい、赤児を父親のグナエウス・ドミティウス・アヘノバルブス（ブロンズ色の髭）の足元の床に置いた。父親は息子を腕に抱きとることで、わが子であると認知した。

赤児の母親は小アグリッピナ。彼女の両親は、アウグストゥス帝の治世における最大のカリスマカップル――将来の皇帝と目されていたゲルマニクスと、アウグストゥス帝の孫娘である大アグリッピナ――であった。彼女の両親と二人の兄は悲劇的な最期を迎えていた。数か月前、唯一残っていた兄のカリグラがティベリウス帝の後継者として皇位についていた。小アグリッピナは一三歳で、これ以上ありえないほど不快な男と結婚していた。グナエウス・ドミティウスは名門貴族の出であったが、冷酷、残忍かつ不誠実な男だった。彼の悪事は数多い。たとえば、みずから手綱をとってアッピア街道を車で走っている最中に、一人の子どもを意図的に轢《ひ》き殺した、との逸話がある。ローマのフォルムという場所もわきまえずに、自分に反駁《はんばく》したある騎士の片目をくりぬいたこともある。戦車競技の勝者にあたえるべき賞金をかすめとった、競売で入手した品物の代金を支払わなかった…

赤児の誕生から九日目、命名式となった。式に列席するため、皇帝の一族がこぞってアンティウムに足を運んだ。アグリッピナは兄のカリグラ帝に子どもの名前を選んでほしい、と頼んだ。日頃からおふざけが好きなカリグラは「甥にはクラウディウスを名のらせよう！」とのたまった。

一同は口をあんぐりと開けた。アグリッピナは苦笑いを浮かべた。一族から軽蔑されて知恵遅れ扱いされ、宮廷中の笑い者となっている人物［カリグラやアグリッピナの叔父であり、のちに第四代ローマ皇帝となるクラウディウス］の名前をわが子につけるなんて、考えられない！　野心家として息子に夢を託していたアグリッピナのお気に召す名前ではなかった。皇帝の意向を無視して、アグリッピナは子どもをルキウスと名づけた。夫の家系では典型的とされる男子名であった。

子どもは、両親にかまってもらうことなく育つ。すでにかなりの病身であったグナエウス・ドミティウスは治療のために温泉地をめぐって不在であった。アグリッピナは、ローマの社交界で陰謀をめぐらすのに忙しかった。ルキウス少年は乳母たちの手で育てられた。そのうちの二人、エグロゲとアレクサンドラは彼の死まで仕えつづける。

三九年、カリグラ帝を狙った陰謀があばかれ、これに皇帝一族の複数の人間が関与していることがわかった。アグリッピナはこの陰謀に首まで浸かっていた。だが、カリグラはこの妹に「寛容」を示し、ポンツィアーネ諸島への流刑と資産没収で満足した。母親を奪われたわれらが主人公、ルキウス少年は父方の叔母、ドミティア・レピダに預けられた。その直後、父親は数年前からわずらっていた過水症（浮腫）のために死去した。父親は、財産の三分の一を息子ルキウスにゆずる、と遺言していたが、カリグラによってたちどころに没収された。

三歳児ではむりもないことだが、ルキウスは自分の身に何が起こっているのかわかっていなかった。両親がいなくなったことは、たいした問題ではなかった。住まいは変わったが、やさしい乳母たちはあいかわらずそばにいる。叔母のレピダは薄情な女性ではなかったが、社交生活に忙しくて甥の面倒を見る暇がなかった。そのため、ルキウスの養育は奉公人たちにまかされ、彼のはじめての教育係となったのは床屋とダンサーであった。

四一年、カリグラが親衛隊の将校らによって暗殺された。実の母親から「知恵遅れ」、「できそこない、人間のまがいもの」とよばれたクラウディウスが――本人の意図に反して――かつぎ出され、皇帝となった「クラウディウスは子どもの頃に小児麻痺をわずらったと思われ、身体にハンディキャップを負っていた」。クラウディウスが帝位についてはじめて行なったことの一つが、姪のアグリッピナの流刑地からのよびもどしと、彼女への資産返還だった。アグリッピナは息子を引きとったが、愛情をそそぐことはないのはあいかわらずだった。ほかに考えることがあったからだ。叔父の宮廷での地盤固めである。手はじめに、立派な肩書きがある金持ちの男と結婚するのは悪くない、と考えた彼女は、大金持ちのクリスプス・パッシエヌスに触手を伸ばしてまんまと結婚にこぎ着けた。この再婚相手は早々と死んでくれた（おそらくは四七年）。亡夫の莫大な遺産は、アグリッピナとその息子のものとなった。

利発で頭のよい少年

ルキウスは、豊かな輝かしい金髪、青い目の美少年であり、賢くて、あらゆることに興味を示した。劇や歌が大好きだったが、こうした娯楽は下等だと考えたアグリッピナは眉をひそめた。

そろそろ身分にふさわしい教育をあたえるべきだ、と考えた彼女は、アニケトゥスとベリュッルスというギリシア人を家庭教師として雇い入れた。この二人がルキウスに自由学芸（ギリシア語とラテン語の文学と語学）の手ほどきをした。四七年、ルキウスはトロイ競技会（ローマの貴族階級の少年たちによる、模擬騎馬試合）に参加した。伝統にしたがい、第一部隊の先頭に立ったのは皇帝の息子であった。しかし、クラウディウス帝とその妃メッサリナの息子であるブリタニクスはまだ六歳の弱々しい子どもであり、せいいっぱい頑張ったが、こうした競技に向いていないのは明らかだった。これに対して、ルキウスは九歳にしてすでにすぐれたアスリートであった。第二部隊を率いたルキウスは自信と権威にあふれた指揮官ぶりで観客を熱狂させた。ルキウスにとってこれは忘れがたい経験となった。はじめて観衆から大喝采をもらった思い出は彼の脳裏に焼きついて死ぬまで消えることがない。これはアグリッピナにとっても勝利であり、若い皇后メッサリナに恥をかかせたことを得意がる気持ちを隠そうともしなかった。

メッサリナとアグリッピナは犬猿の仲で、どちらも息子に期待をよせて野心を競っていた。メッサリナは就寝中のルキウスを絞殺するために刺客を送りこんだ、といわれる。言い伝えによると、一匹の蛇がルキウスの枕もとで鎌首をもたげたのを見て、刺客たちはおそれおののいて退散した。その後、枕の上で蛇のぬけ殻が見つかった。アグリッピナは、このぬけ殻を納めた黄金の腕輪を息子にあたえ、神々から加護されている証拠としてつねに着けているよう命じた。

メッサリナの形勢はわるくなった。彼女の乱脈な生活、策略、浪費癖はだれもが知るところであったが、翌年の執政官に指名されていた元老院議員シリウスに夢中となったことで一線を越えてしまった。四八年、夫の不在をいいことに、メッサリナは勝手に離婚手続きをとってその日のうちに愛人シリウスと結婚した。知らせを受けたクラウディウス帝はただちにローマに引き返した。メッサリナは庭に隠れたが見つかって、親衛隊将校によって殺された。

クラウディウスは再婚の意図があると公言した。宮廷のすべての女性は、次の皇后になろうと意気ごんだ。アグリッピナも戦列にくわわった。三三歳であった彼女は色香がまだおとろえておらず、威風堂々としていた。メッサリナよりも徳が高い、もしくは真っ当とはいいがたかったが、そうした悪癖を隠す知恵があった。彼女と同盟を組んだ解放奴隷パッラス［クラウディウスの信任が篤かった。ローマでは以前より、有能な解放奴隷が各方面で台頭していた］は、アグリッピナの高貴な生まれと、彼女の父親ゲルマニクスの人気の高さを強調して皇帝に売りこんだ。夫が先ごろ死んでくれたのは好都合だった、とばかりにアグリッピナは攻勢に出た。気づかい細やかな姪として、年老いた叔父のもとに足繁く通い、やさしく皇帝を抱きしめて愛撫した。クラウディウスは難なく籠絡《ろうらく》された。アグリッピナと結婚だ！　しかし大きな問題があった。ローマの法律はおじと姪の結婚を禁じていたのだ。だが、例外を認める特別法を元老院に採択させたことで、この障害はあっさり排除された。四九年一月一日、華燭の典が挙げられた。かくしてアグリッピナはローマのファーストレディーとなった。

ルキウスはどうなった？　野心家のアグリッピナはすでに、息子を皇帝にする、と決めていた。

これまでほとんど面倒を見ていなかった息子はいまや、彼女の野心達成の貴重な道具となった。それならば、最高の教育をあたえねば。そこで、アレクサンドリア博物館の前館長であったカエレモンにエジプトの政治哲学の伝授を託すと同時に、哲学者であるエーゲのアレクサンドロスにも勉強を見させることにした。しかし、アグリッピナが打った布石でもっともみごとだったのは、八年前からコルシカに追放されていた哲学者セネカをローマによびもどしたことだった。ローマ随一の知識人であるセネカは、哲学も詩も語ることができる博識であり、ルキウスの教育者として、これ以上の人物は望めなかった。それから少しして、親衛隊長官のブッルスがルキウスの肉体鍛錬を引き受けることになる。

アグリッピナは着々と駒を進め、クラウディウスの娘オクタウィアとルキウスとの婚約を夫に認めさせた。そして、五〇年二月に今度は、ルキウスを養子に迎えるよう夫を説得することに成功する。ルキウスは、ティベリウス・クラウディウス・ネロとよばれるようになった。この年の終わりに一三歳になろうとしていた少年は、サビニ語で「勇敢で大胆」を意味する「ネロ」という名前をたいそう誇らしく思った。法的な成人年齢に達する九か月前にあたる五一年三月、ネロは成人用トガをまとい、大人の仲間入りをした。クラウディウスはネロを「プリンケプス・ユウェントゥティス（皇帝の息子に、成人用トガをまとったときにあたえられる称号）」とよんで、元老院に紹介した。こうして、ネロには皇位継承権があることが公《おおやけ》となった。金の星を刺繍した紅のマントを肩にかけ、金の盾をかかげた若きネロは、軍事パレードを指揮した。ローマ帝国の将来の皇帝ここにあり、という風体にだれもが喝采した。一四歳のネロは優美な顔立ちで頭髪豊か、均整のとれた体つきの美少年であった。五三年、ネロとオクタウィアの婚礼が祝われた。

キノコ料理のおかげで皇帝に！

息子を皇位につけようと策を練るアグリッピナは、自分の計画の邪魔となりそうな者たちはすべて排除した。最初に血祭りにあげられたのは、かつて義妹であったドミティア・レピダ（いっとき幼いルキウスを預かってくれた、アグリッピナの最初の夫の妹）であり、黒魔術を使ったとの嫌疑をかけられて処刑された。アグリッピナに資産を狙われた著名人たちが、前ぶれもなく殺された。しかし、クラウディウスは、すべての公的会合に出席するだけでなく、自分にもっと権力をあたえよとせっついてばかりいる妻に嫌気がさしてきた。皇帝は、かわいがっている実子のブリタンニクスの存在感が薄くなっていることを不快に思い、わが子に本来の地位をとりもどさせることを検討していた。アグリッピナは不安になった。策略、陰謀に明けくれた年月が、ゴールにあと一歩というところで水泡に帰すかもしれない。そんなことになってたまるか。

解決策は一つだけ。クラウディウスを消す。アグリッピナは、毒薬調合師として有名な女、ロクスタの力を借りた。五四年一〇月一二日の宴席において、クラウディウスに大好きなキノコ料理の一皿が供された。皇帝はいつものように、猛烈な勢いでこの美味しい料理を食べた。すると、すぐさま激しい嘔吐と下痢に襲われた。だが、クラウディウスは過剰なほどに飲み食いしたので、だれも驚かなかった。その後、皇帝は長時間苦しんだすえに亡くなった、という説と、嘔吐と下痢で毒が体外に排出されたことで皇帝が回復したため、アグリッピナがもう一度毒殺を試みた、という説がある。後者の説によると、アグリッピナの意を酌《く》んだ医師クセノポンが、嘔吐をうながすためとの口実で、いつも使っている羽根——むろん、このときは毒がしこまれていた——を、クラウディウスの喉に差しこみ、ようやく目的を達成した。クラウディウスは死んだ！

一〇月一三日の一一時ごろ、皇宮の扉が突然開き、ブッルスにエスコートされたネロが親衛隊の一団のほうへと歩を進めた。臥輿《がよ》に乗って親衛隊兵営まで運ばれたネロは、演説を行ない、兵士たちにドナティウム（喜ばしいできごとを祝っての下賜金）をあたえた。すべての兵士は、ネロをインペラトル（最高指揮官）とよんで喝采した。ネロはクラウディウスのために壮麗な葬儀をとりおこない、追悼演説のなかで先帝を神格化した。アグリッピナは悲しみにくれながらも威厳を保った寡婦を演じて見せた。慣習を破り、クラウディウスの遺言状が公開されることはなかった（闇に葬られたこの遺言状のなかで、クラウディウスはブリタンニクスを後継者に指名していたと思われる）。

新皇帝は元老院におもむき、すばらしい約束をふんだんにもりこんだ演説を行ない、議員たちを熱狂させ、絶賛を浴びた。若き君主（一七歳であった）は、アウグストゥス帝が定めた原則を守る、賢明な統治を心がける、と宣言した。そのとおり、はじめの五年間（ネロの五年間の善政）、ネロはなにかにつけて鷹揚、寛大ぶりを示し、元老院の権限を尊重し、間接税（帝国内の通関税、小作料収入税）を下げ、根拠のない密告にもとづいての起訴や不当な有罪判決への署名を拒否した。

夢のような五年間

アグリッピナは？　勝ち誇った母親は、特等席に腰を下ろした。息子の治世の初日から、彼女は女帝としてふるまった。あくなき野心に燃えるアグリッピナは、いたるところに顔を出し、息子にぴったりとよりそい、息子の臥輿《がよ》に乗りこんでいっしょに移動し、息子と自分の肖像入りのコインを鋳造させた。元老院も彼女にありとあらゆる名誉をあたえた。ネロが大使や外国の王を謁見するときは、彼女も息子のそばに座ろうとした…。元老院は女人禁制であったので、アグリッピナはネロに、議員たちを宮廷に招集するよう求めた。カーテンの後ろに隠れて、審議に耳をそばだてるためである。彼女は、息子は自分を支持していると確信していた。帝位についた初日に、親衛隊将校への合言葉として息子が選んだのは「オプティマ・マテル（最高の母親）」ではないか。アグリッピナはこうして手に入れた権勢をよいことに、自分に打撃をあたえようとした者、もしくはあたえる可能性がある者を一人残らず排除した。このため、ローマは恐怖におびえた。ネロはなにも気づいていないようすで、母親の専横《せんおう》に屈しているかと思われた。ネロは日中、皇帝としての務めをまじめに果たしていたが、夜になるとローマのいかがわしい地区に出入りして、親友のオトをはじめとする仲間たちと、あらゆる種類の放蕩《ほうとう》にふけっていた。掛け値なしの不良連中であった。

ネロが生まれてはじめて恋に落ちる、という日がついに訪れた。小アジア出身の美しい解放奴隷、アクテと出会ったのだ。夢中になったネロは、イタリアとサルデーニャにある広大な領地を彼女に贈り、結婚することを夢見るようにさえなった。セネカとその仲間たちが、若い皇帝の恋を応援した［セネカは、ネロをアグリッピナから引き離そうと考えていたといわれる］。

息子の恋愛ざたを知ったアグリッピナは怒り狂った。このときアグリッピナは、アクテから引き離すために息子を誘惑して近親相姦の関係をもとうとした、と一部の歴史家は主張している。真偽はわからない。確かなのは、これを機にアグリッピナは戦略を変えたことだ。クラウディウスの本来の後継者であったブリタンニクス支持にまわり、親衛隊兵営にブリタンニクスをつれていってこちらが本物の皇帝だと告げる、と息子をおどした。

ネロは怖くなった。ネロが恐怖をおぼえると、最悪の事態が生じるのは避けがたい。ブリタンニクスは一四歳になろうとしていた。一四歳になれば成人用トガを着て大人の仲間入りをする。そうなれば、自分には皇位継承権がある、と主張するおそれがある。毒物調合師のロクスタの腕前がまたしても必要になった。ただし、このたびの注文主はネロであった。ある日の食事の席で供された飲み物（これは毒入りではなかった）があまりにも熱かったので、ブンタンニクスは容器を押しやった。給仕が、口中のやけどを鎮めるために冷たい水をもってきた。これを一口飲むと、少年はくずれ落ち、即死した（五五年二月）。ネロは何事もなかったかのように食事を続け、

「弟」は子どものころから癲癇《てんかん》もちだから、また発作が起きたのだろう、と述べた。ネロの妻で、ブリタンニクスの姉でもあるオクタウィアと、アグリッピナは動揺したが、二人とも、公《おおやけ》の席では気持ちを押し隠さねばならないことを経験から学んでいた。今回ばかりは、アグリッピナは手も足も出なかった。自分にはもはや息子を意のままに操縦する力がないことを悟った。

五年間の善政が終わりに近づいた。ここまでの成果は上々だった。ネロはあいかわらず、平民のあいだでも、元老院議員のあいだでも人気が高かった。ローマの食糧供給体制を改善したし、公共工事に着手し、臣民を喜ばすための見世物を開催し、カンプス・マルティウスに木製の円形闘技場を建設した。帝国辺境の防衛にかんしていえば、ローマにとって長年の敵であったパルティアを抑えこむことなどで、現状維持に成功していた。

おぞましき殺人

五八年、二〇歳のネロは衝撃的な出会いを経験する。相手は、友人オトの妻――ポッパエア――であった。会う前から、彼女がいかに魅力的かはオトからさんざん聞かされていた。ポッパエアはおそらく、ローマ一の美人であった。頭がきれるうえに婀娜《あだ》っぽい赤毛の美女であり、ありとあらゆる魅力の持ち主であったが、誠実とは無縁であった。どのような評判をたてられようとも気にせず、異性の気を引く手練手管《れんてくだ》に長《た》けていた。彼女はネロの欲情をかきたて、正妻の地位を要求した。アグリッピナはなりゆきを注視していた。力を削がれていた――ネロは、ゲルマン人兵士からなる護衛隊を母親からとりあげ、皇宮から彼女を追い出して別の住まいに移らせた――ものの、アグリッピナは、この新たな女野心家が息子に影響力を行使し、オクタウィアにとって代わって皇后になろうと狙っていることに強い反感をいだいた。ポッパエアはアクテよりもずっと危険だった。いっぽう、アグリッピナがなにかをたくらんだら手ごわいことは、ネロも承知していた。

こうなった以上、ネロの頭に浮かんだ解決策は一つしかなかった。母親を始末することだ。三回毒殺を試みたが、いずれも失敗した。次に、母親の部屋の天井がくずれ落ちるように仕かけ、就寝中に殺そうと試みた。ついに、ミセヌム艦隊長官のアニケトゥス（少年時代のネロにつけられた家庭教師の一人）がよい考えを思いついた。

五九年三月、ミネルウァ神の祭りをいっしょに祝おうと、ネロは母親をバイアエ（ナポリ湾に面した景勝地）の別荘に招待した。宴は夜遅くまで続き、少し酔ったアグリッピナはバウリ（現バーコリ）の自宅まで戻ることにした。ネロは母親を、一艘の船が停泊している波止場まで見送った。息子は大芝居を打って、名残おしそうに母親を長いこと抱きしめた。アグリッピナはお付きの侍女であるアケッロニア・ポッラと、クレペリウス・ガッルスという名の者と船に乗りこんだ。三人は、船尾の船室の寝台におちついた。

空には星がきらめき、海は穏やかだった。突然、船長をつとめていたアニケトゥスの合図で、鉛がしこまれていた船室の天井がくずれ落ちた。クレペリウスは即死した。二人の女は寝台の縦枠のおかげで直撃をまぬがれたが、船がばらばらになると同時に海に投げ出された。アケッロニアは軽率にも、自分は皇后である、救助せよ、と叫んだ。水夫たちは、櫂や爪竿で彼女を打ちすえて殺した。アグリッピナはすでに、自分の命が狙われたのだと悟っていた。肩を負傷していたにもかかわらず、彼女は泳いで逃げきった。数百メートルも泳いだところで漁師たちに救助され、自宅に戻ることができた。だが、アグリッピナは、このような経験で打ちのめされるような女ではなかった。気をとりなおすやいなや、彼女は息子のもとに使者を走らせ、事故が起こったが自分はぶじで、元気にしている、と伝えさせた。

ネロは茫然自失となり、パニックと恐怖に襲われた。母親は復讐に出るにちがいない。彼はセネカとブッルスに助言を求めたが、二人とも逃げ腰だった。結局のところ、アニケトゥスの計画が失敗したのだから、アニケトゥスにやりかけの仕事を終えてもらうまでだ。しかも、ただちに。

アニケトゥスは二人の将校をしたがえ、アグリッピナを訪れた。彼女は自室で一人きりだった。寝台に横たわっていた彼女はすべてを理解した。このようなときでさえ挑発することをやめようとしないアグリッピナは、着ていたトゥニカを引き裂き、剣に向かって身をさらし、「(怪物を宿した) この腹をつくがよい!」と叫んだ。何度もつかれて、ようやくアグリッピナは息絶えた。ネロは母親の遺体を検分するためにやってきて、死しても美しいアグリッピナに感嘆の声を上げた、と伝える史料もある。アグリッピナのために公的な葬儀をとりおこなうなど問題外だった。遺体は臥台《がだい》に横たえられたまま焼かれ、遺灰は近くに納められた。

ただし、皇帝一族の女性にとって最高位の称号「アウグスタ」をもっていたアグリッピナの死には、もっともらしい説明が必要だ。セネカとブッルスが元老院に手紙を書き、アグリッピナは息子の暗殺計画を練っていたが、計画が露見したので自殺した、と伝えた。いかにも怪しげな説明であるが、元老院議員たちも公衆もこれで納得した。ついでに、故人が過去に――とくにクラウディウス帝の治世下で――どのような悪事を働いたかが強調された。結局のところ、自業自得ではないか。だれもが、皇帝が暗殺からのがれてよかった、と喜んだ。とはいえ、ネロをオレステス（ホメロスの「イーリアス」に登場するギリシアの総大将アガメムノンの息子。トロイア戦争から帰還した父を愛人とともに殺した母親を、姉と謀《はか》って殺す）に譬《たと》える風刺詩が、お上《かみ》の目をくぐって出まわった。ネロの立像の一つに、革の袋がかぶせられた。これが、犬と鶏と蝮《まむし》と猿とともに袋につめこまれて水に投げこまれる、という親殺しに対するローマの刑罰を暗示していることは、だれの目にも明らかだった。

ネロは肩の荷が下りた思いだったのだろうか？　そうとはいえない。彼が怯懦《きょうだ》ゆえに罪を犯したときの常であるが、良心の呵責《かしゃく》にさいなまれた。何か月も眠ることができず、血まみれの母親の幻影が見え、松明《たいまつ》と鞭《むち》をふりまわすフリアエ［復讐の女神］が自分にとりついているとの思いをふりはらうことができなかった。気持ちを切り替えるために、ネロはナポリに旅立った。起源がギリシア人の植民地であったナポリは、いまだにヘレニズム文化の名残りを色濃く残していてネロの心をとらえた。ローマと比べて格段に洗練されているこの町で、皇帝は歌、詩、演劇に夢中となった。

新たな権力観

ローマに戻ったときのネロは、芸術によせる自分の情熱を解き放つのだ、という思いで頭がいっぱいだった。これまで、母親からもセネカからも抑えつけられていた情熱だ。歌、踊り、劇、戦車競走、剣闘士の試合。ネロはこうした見世物に足繁く通うだけでなく、自分も出演するようになった。キタラを演奏し、歌を稽古し、戦車をみずから駆った。気づかぬうちに、現実が仮想に置き換えられた。すべてのローマ市民は、皇帝の新たな人生観への適用をせまられた。ネロは六〇年、ギリシアのオリュンピア大祭［古代オリンピック］をお手本に、五年に一度開催されるネロ祭（ネロニア）を創設した。これは音楽やスポーツの祭典であり、審査員と参加者は執政官経験者と貴族階級の婦人であった。六四年、ネロは温めていた夢——大勢の観客の前で歌う——を実現した。ナポリの劇場で舞台に立ち、竪琴をつま弾きながら「コンサート」を行なったのだ。大成功だった。つめかけた観衆から大喝采を浴びた。というのも、ネロは五〇〇〇人ほどの若者からなるサクラの一団を組織していたのだ。アウグスティアーニとよばれた彼らの任務は、ネロが出演するすべての出しもので「先を争って喝采する」ことであった！　辛辣《しんらつ》な批評によると、ネロは「その弱々しく不明瞭な声ゆえに、笑いと涙をまきおこした」。そして気むずかし屋たちは、皇帝ともあろう人が無言劇に出演して犠牲者や野蛮人に扮するだけでなく、女装までするととは、と嘆いた。

　こうして趣味に熱中しながらも、ネロはローマ帝国統治を続けた。自分の芸術嗜好の夢想に溺れながらも、この男が政務をきちんと果たすことができたのは驚きである。行政官の任命や属州に派遣する特使の人選に目を配り、裁判に介入し、イタリアの過疎となった町に植民を送りこみ、生まれ故郷のアンティウムに立派な港を整備し、ローマでは巨大な浴場を建設した。イタリアにおいては、カンパニア地方からテヴェレ川河口にいたるまでの運河（全長二五〇キロ）の工事を開始させた。船舶の航行の便《べん》をはかるため、航路を改善した。とはいえ、ネロが実行した最大のプロジェクトは税制改革である。間接税（帝国内部の関税、小作料収入税）を撤廃して中産階級の負担を減らそう、と考えた。ただし、こうした税を固有の財源としていた元老院の反対にあって、全面的な廃止とはならなかった。外交では、名声とどろく指揮官であるコルブロの遠征のおかげで、ローマの同盟国であったアルメニアを占領していたパルティアから妥協を引き出し、ティリダテス［パルティア国王の弟］がローマでアルメニア王として戴冠することにこぎ着けた［ローマで戴冠すれば、アルメニアがローマに恭順した形になる］。ブリタンニアでは、女王ブーディカ率いる反乱をローマ軍団が鎮圧した。

　ネロとの結婚を待たされていたポッパエアはどうなったのだろうか？　ネロに嫁して一〇年になるオクタウィアは一人も子どもを産んでいなかった。これは彼女が不妊症である証拠ではないか。離縁の口実として申し分がないが、ネロはこれだけでは不十分と考えたのか、オクタウィアに姦通の罪までかぶせた。かくしてふたたび独身となると、数日後にネロとポッパエアの婚礼が盛大に祝われた。だが、オクタウィア離縁は予想外の反応をひき起こした。従順で貞潔なオクタウィアを一貫して敬愛していたローマ市民が示威行動に出たのだ。ポッパエアの像は倒され、人々はオクタウィアの像を花輪で飾り、かついでフォルムにもちこんだ。ネロは恐怖におののいた！　不満を表明する市民と、アグリッピナと同じように陰謀好きで危険なポッパエアの板ばさみとなり、自分の地位と命が危ないと思った。解決策は一つだけ、オクタウィアの不貞を立証することだ。アレクサンドリア出身の若い横笛奏者を姦通相手に仕立て上げ、オクタウィアは不義の子を宿した、と告発された（オクタウィアは石女《うまずめ》であることを理由に離縁されたはずだが…）。オクタウィアはカンパニア地方に追放され、兵士たちの監視下に置かれた。しかしポッパエアは満足しなかった。ミセヌム艦隊の長官、アニケトゥス（アグリッピナを殺害した張本人である）が、オクタウィアは権力を手に入れるために自分を謀議に引き入れようとした、と証言した。その結果、オクタウィアはパンダテリア島に流され、数日後に無残にも処刑された。一人の兵士が元皇后の血管を切り開いたが、出血のスピードが遅かったので、彼女は過熱状態の蒸し風呂にまでひきずられた。死因は窒息死であった。オクタウィアの頭部は斬り落とされ、ポッパエアのもとに運ばれた。新皇后は、ライバルの死にご満悦となった。おとなしくて、まったく無害なオクタウィアであったのに。

六三年一月、ポッパエアは女児を産み落とし、この児はクラウディア・アウグスタと名づけられた。ネロの喜びはとてつもなく、この慶事を祝って数えきれぬほどの催しがとりおこなわれた。しかし、同じ年の五月に女児は亡くなり、四か月前の喜びと同じくらいに悲しみも過剰だった。

大火災

六四年七月、ネロはアンティウムに滞在していた。たいへんな肥満体となっていたネロには、ローマの蒸し暑さは耐えがたいものだった。一八日から一九日にかけての夜、ローマの大競技場付近の、小店舗や住居が入っている木造のバラックから火の手が上がり、またたくまに広がった。パニックに襲われた住民は闇につつまれた街路に飛び出して逃げまわった。女子ども、老人はふみつぶされた。群衆の暴走と分厚い煙のために、ローマの夜警や消防隊は十分な仕事ができなかった。駆けつけた使者によって眠りを破られたネロはただちに首都へと向かった。カンプス・マルティウスの公共建造物を被災者に開放し、ウァティカヌス［現ヴァチカン］の皇帝庭園もふくめた空き地に仮設宿泊所を用意させた。火災は七日間続き、エスクイリヌスの丘の麓《ふもと》で止まった。しかし、新たな火元が発生し、炎はさらに三日間ローマを舐《な》めた。ネロは対策本部を設け、自身はつねに現場に立ち、夜警たちと話しあい、どのような措置をとるべきかを決定した。損害は甚大だった。ローマの三つの行政区が灰燼《かいじん》に帰《き》し、七つの区が半焼となった。ローマの重要な建造物の多くが焼け落ちた。焼け出された市民の数は二〇万人。死傷者の数は不明である。

火災がはじまったときから、さまざまな噂がかけめぐった。皇帝の奴隷が、火をつけた麻繊維の塊を家々に投げつけるのを見た、と言う者がいた。ネロが塔の上で、竪琴をかき鳴らしながら自作の詩「トロイ攻略」の一節を歌っていた、と主張する者もいた。自分を誹謗するこうした噂にネロは恐慌《きょうこう》をきたした。早急に、大火の責任を負う者を名ざさねば。スケープゴートに選ばれたのは、ローマの片すみでひっそりと暮らすキリスト教徒のコミュニティーであった。彼らの不敬がローマの神々の怒りをまねいたのだ、ということになった。二〇〇—三〇〇人のキリスト教徒が裁判にかけられ、死刑判決を受けた。処刑は大がかりな見世物として、ウァティカヌスの皇帝庭園で行なわれた。野獣の毛皮をかぶせられて犬にかみ殺された者も、磔《はりつけ》にされた者もいれば、可燃性物質をぬられて生きたまま巨大な松明となった者もいた。

古代の歴史家たちはネロがローマに火を放った、と決めつけている。この説は現在、支持されていない。火災発生当時、ネロはローマを留守にしていたし、彼は最大の被害を受けた者の一人でもあった。パラティヌスの住まいとドムス・トランシトリア［ネロの宮廷が置かれていたいちばん大きな宮殿］、はかりしれない価値がある絵画や美術品のコレクションが灰となったからだ。

混乱がとりあえずおさまったところで、帝国の首都の再建にとりかからねばならない。建築家たちは、ローマを海まで拡張しようという、新都市計画の図面を引いた。中心部の再建にあたっては、街路の幅を広げ、壁面線を定めて道に面した建物の凸凹をなくす、貯水槽の数を増やすなど、再度の大火を回避するための工夫をこらすことになった。今回の火災によって八〇ヘクタールもの空き地ができたことは、広壮な宮殿を建てて「ようやく人間らしく住まう」ための好機、とネロは考えた。二人の建築家が、広大な用地に建物を調和よく散在させた宮殿［ドムス・アウレア］のプランを立てた。入り口には、ブロンズに金箔をかぶせた、太陽神に模した巨大なネロの像がすえられた（高さは三五メートルを超えていた）。それぞれの建物にはさまざまな工夫がこらされ、巧妙な機械じかけと前代未聞の豪華絢爛が一体となっていた［たとえば、天井にはりめぐらした象牙製の化粧板が開いて花や香水が降りそそぐ仕組みや、回転する半球形のドーム天井など］。

六五年の初頭、準備段階にあった皇帝暗殺の陰謀があばかれた。さまざまな身分の男女が、名門出身の元老院議員カルプルニウス・ピソを皇帝に擁立しよう、と計画にかかわっていた。ネロのとりまきの多くも無縁ではない、とわかった。すさまじい粛清が起こった。ピソ派として捕縛された者たちが長い列を作ってネロの皇宮の前にやってきた。判決が雨あられと降りそそいだ。自害を命令される者、追放される者、次々と処刑される者…。ローマの指導層、上流階級は骨ぬきにされた。

六五年の夏、妊娠中だったポッパエアが急死した。夫婦げんかの最中に怒りにわれを忘れたネロが思いっきり蹴ったのが原因だ、ともいわれている。なんであれ、ネロは嘆き悲しみ、壮麗な葬儀をとりおこなった。慣習に反して、ネロは遺体を焼くことを拒否し、防腐処置をほどこし、亡妻を神格化した。数か月後、ネロは社交界の花形であるスタティリア・メッサリナと再婚した。

治世末期

末期に近づくと、ネロの肉体は劣化の一途をたどり、かつての美少年の面影はなくなり、醜悪な姿となった。鯨飲馬食と運動不足のためにいつのまにか体重は増えていた。三〇歳のネロは大《だい》兵《ひょう》肥満《ひまん》で、脂肪がついた顔はむくんでいた。腹はつき出て、足は非常に細かった。肥満の人間によくみられることだが、彼は大汗をかくようになり、不快な体臭を放っていた。瞳が淡い青（この色は、ローマでは不人気だった）の目は眼窩《がんか》から飛び出し気味であり、ひとところを見すえていた。世間の評判などまったく気にしていなかったので、ベルトも締めずに部屋着をひっかけただけで裸足、という姿で公衆の前に姿を現わした。このネロが滑稽の頂点をきわめるのは、歌っているときだった。背伸びをして、か細くて不明瞭な声を張り上げると、その顔は真っ赤になった。

カリグラと同様に、ネロは生まれもった残忍性――おそらくは、どちらも傲慢で残酷だった両親から受け継いだのであろう――を隠そうともせずに、醜悪で嗜虐的にふるまうことがあった。舞台に立ったときは、観客がとぎれなく喝采することを要求し、疲れて喝采を中断した者は情け容赦なく打擲《ちょうちゃく》された。なみはずれて富裕な者たちを処刑し、彼らの財産を奪った。ローマ帝国一の富豪であった解放奴隷パッラスは毒殺された。子どものころの家庭教師、ブッルスには、喉の薬と称して毒を送った。

ネロは新たなセンセーションを求めて、新たな娯楽を思いついた。動物の毛皮を身にまとって檻から飛び出し、柱にしばられた男や女の局所に攻撃を仕かけて自身の欲情を満足させた、との言い伝えもある。ネロがローマ市民に提供した最後の大祝典は、アルメニア王ティリダテスの戴冠式であった。このイベントは、ネロの外交政策の成功を宣伝することを目的としていた。ネロがナポリでティリダテスを出迎えて、ローマにつれていった。絢爛たる儀式（六六年初め）では、元老院議員や親衛隊に囲まれて玉座に腰をかけたネロに対して、ひざまずいたティリダテスが臣従の誓いを行なった。ネロは新アルメニア王を助け起こし、その肩に手をかけて抱擁し、冠を頭上にのせた。群衆は熱狂して喝采した。続いて、大がかりな見世物が新王のために行なわれた。

しかし、ネロはローマが嫌になってきた。芸術家としての才能を披露しても、市民たちの反応が鈍いことに失望したからだ。ゆえに、自分の真価を正しく評価してくれる国に行こう、と決意した。「ギリシア人のみがよい耳をもっている、ネロとその才能にふさわしい観客はギリシア人だ！」と確信して。六六年九月、旅がはじまった。元老院議員、親衛隊兵士、歌手、皇帝専属のアウグスティアーニ（サクラ）からなる大人数がネロに同行した。この旅は、皇帝による属州視察と、アーティストの「ビッグツアー」をかねていた。ネロはまた、ギリシアの四大競技祭典（オリュンピア大祭、ネメア大祭、ピューティア大祭、イストミア大祭）をこの年にまとめて開催するよう求めた。

ネロが期待していたとおり、ギリシア「ツアー」は大成功だった。いたるところ、熱狂的な観客がネロの俳優および音楽家としての才能を誉めたたえた。いうまでもないことだが、どのコンテストでもネロは優勝した。ギリシア人へのお礼として、ネロはギリシア全土に自由都市の特権［内政の自治権、属州税の免除］をあたえた。さらには、ギリシア経済振興のために、エーゲ海とイオニア海を運河（コリントス運河）で結ぶための工事をペロポネソス半島の北ではじめた。

こうして約一年半をギリシアですごしたあと、ネロはローマに戻ることにした。ナポリ上陸は六八年三月であった。ネロは白馬に牽《ひ》かせた戦車に乗り、城壁にあらかじめ空けさせておいた穴を通ってナポリに入市した。ローマには、凱旋将軍の扮装で入市した。ギリシアでのコンテスト優勝の場面を一つ一つ描いたプラカードと、ギリシアで贈られた一八〇八の月桂冠をかかげた一団が露払いの役目を果たした［通常の凱旋式では、敵に勝った戦闘場面が描かれたプラカードがかかげられ、戦利品や捕虜が披露される］。

だが、こんなお祭り騒ぎに興じている場合ではなかった。ローマ帝国全体が危機的状況にあった。オリエントでは六六年より、ウェスパシアヌスとその息子のティトゥスが率いるローマ軍が、ユダヤ人の反乱を鎮圧するのにかかりきりになっていた。ガリアでは、ガリア・ルグドゥネンシス［現フランス東部］総督のユリウス・ウィンデクスが反ネロの狼煙《のろし》を上げていた。ガリア反乱の芽はゲルマニア駐在のローマ軍団によってすぐさま潰《つぶ》されたが、ウィンデクスの動きに触発されてヒスパニア・タラコネンシス［イベリア半島］総督のガルバが反ネロの旗幟《きし》を鮮明にすると、各地で同調する声があがった。ネロはいっとき、遠征軍を率いて反乱を鎮圧しようと考えたが、時すでに遅しであった。首都から逃げ出したネロに随行したのはたった三人だけだった。

みじめなトゥニカをまとった裸足のネロは、ローマ近郊にある、自分に仕えていた解放奴隷パオンの家に逃げこんだ。渇きを癒《いや》すため、水溜まりから水をすくって飲み、粗末なマットレスの上に横たわって夜をすごした。翌日、元老院が自分を「国家の敵」と宣告したことを、使者から知らされた。おそろしい刑罰からのがれるためには自害するほかない、とはわかっていた。しかし、ネロは泣き言をならべ、自分の意気地のなさを嘆き、迷った。最後に彼の口から出た言葉は「こうして偉大な芸術家が死ぬ!」であった。つきそっていた解放奴隷のエパフロディトゥスが、ネロが短刀を喉につき立てるのを手伝った。乳母のエグロゲとアレクサンドリア、そしてネロの初恋の相手であったアクテの三人だけで葬儀がとりおこなわれ、遺灰はネロの父方一門の墓に納められた。享年わずか三〇歳。

ローマの人々にとって、ネロは悪しき国家元首の典型として記憶された。以降、皇帝にとって、ネロに喩《たと》えられることは恥辱となる。たとえば、狂気のふるまいと残忍性で有名なドミティアヌス帝(在位八一―九六)は「禿《はげ》のネロ」とよばれた。ネロはさらに、はじめてキリスト教徒を迫害して残酷な方法で処刑したゆえに、反キリストとして指弾されることになる。

カトリーヌ・サル

参考文献

ACHARD Guy, *Néron*, Paris, PUF, 1995.
CIZEK Eugen, *Néron*, Paris, Fayard, 1982.
CROISILLE Jean-Michel, *Néron a tué Agrippine*, Bruxelles, Complexe, 1994.
GIROD Virginie, *Agrippine*, Paris, Tallandier, 2015.
MARTIN Régis F., *Les Douze Césars. Du mythe à la réalité*, Paris, Les Belles Lettres, 1991.
SALLES Catherine, *Le Grand Incendie de Rome*, Paris, Tallandier, 2015.

Frédégonde 3ème de Chilperic 1er Roi de France

† 596 ou 597.

3 フレデグンド
神と人間の敵
（五五〇頃―五九七）

「平和―戦争」を意味する名前の持ち主であるフレデグンドは、人生の指針としてあきらかに「戦い」を好んでいた。五五五年から五九七年にかけて、フランク人の王国は死屍累々《ししるいるい》であった。邪魔な夫や義兄弟、言うことを聞かない司教、公子やライバルである王妃といった人々が遅かれ早かれ、フレデグンドが送りこむ刺客の訪問を受けた。メロヴィング朝時代は複雑であったが、フレデグンドは平民の出であっただけに、迷うことなく「単純なやりかた」で生きぬいた。

五八四年のある日、馬で外出したキルペリク王は予定よりも早く帰館した。私室に入ると、妻のフレデグンドは髪を洗っている最中だった。悪戯心《いたずらごころ》を起こした王は音も立てずにしのびより、鞭の先で妻の尻を軽くたたいた。まだ目に石鹸水が入ったままのフレデグンドは、本気で怒ったようすなどなく、やんわり抗議した。「ランドリーったら、今日はいったいなにを考えているのよ！」。たんに名前を言いまちがえたにしては変だ…。キルペリクは鈍感なほうであったが、さすがに、これはなにを意味しているのか、と自問するようになった。王が正解を見つけるのを待たず、フレデグンドは愛人のランドリーをよびだし、キルペリクをはめるための策略を練った。数日後、妻を寝とられた王は狩りのさいちゅうに死んだ…

ゲーム・オブ・スローンズに出てきてもおかしくないこのエピソードはおそらく、すべて作り物だろう。しかし、ある年代記作者が八世紀初頭にこれを書いたとき、当時の人々は「なるほど」と得心《とくしん》した。二世紀前から、フレデグンドの名前は、セックス、暴力、政治のミックスが生み出しうる最悪の産物というイメージをかきたてていた。ようするに、もう一つくらい罪を押しつけてもたいして変わらないほど血まみれの王妃だったのだ。

妾

フレデグンドは五五〇年ごろ、フランク人の世界の西、ネウストリアとよばれる王国（現在の広域パリ盆地に相当）に生まれた。すべての史料が述べていることを信じるのであれば、彼女は社会の最下層出身であった。実際のところ、教養とは無縁であったらしい彼女の両親は、自分たちがきちんと理解できていなかったゲルマン語の二つの単語を適当につないで娘の名前とした。フレデグンドを直訳すると、「平和―戦争」である。

この出自の悪さにもかかわらず、若い娘となったフレデグンドはキルペリク王の気を引くことができた。これ自体になんの問題もない。メロヴィング朝の君主たちは、遠国の王女もしくは宮殿の召使い女と結婚するのが常だったのだ。両極端である。王女との結婚が有益な軍事同盟を固めるのに役立つ一方、召使い女には政治的な面倒をいっさいもたらさないという利点があった。フランク王国初代の王となったクロヴィス王はその治世の末期を、メロヴィング王家の分家筋をかたっぱしから抹殺することに忙殺された。どこかの姫君と結婚すれば、彼女の実家が力をもってやっかいな存在となりうる。そんなことになれば、ライバルをすっきりとかたづけたクロヴィス王の努力がむだになるというものだ…

当時、結婚は君主をさして束縛するものではなかった。九世紀まで、民法上、離婚は合法であった。教会は離婚に賛成こそしなかったが、禁止はしていなかった。結婚はまだ秘跡と認定されていなかったからだ。メロヴィング朝の何人かの王はこれをよいことに、放縦な結婚生活を送っていた。キルペリクの父であるクロタール一世（五一一―五六一）は、六回も結婚して記録保持者となっている。ようするにメロヴィング朝は、過去によくいわれていたように一夫多妻制をとっていたのではなく、一夫一婦制を守っていたが、王は何度も結婚をくりかえしていたのだ。

むろんのこと、これには抵触してはならない、といういくつかのルールはあり、近親相姦は絶対に破ってはならない禁止事項のひとつであった。ただし、近親相姦の定義は現代のそれとは異なる。メロヴィング朝の人間にとって、名親（代父、代母）や名親の近親者と結婚することは近親相姦であった。噂によると、若き日のフレデグンドはこれを利用して自分の立場を固めた。まだフレデグンドが宮廷の召使い女であったころ、キルペリクの最初の妻、アウドヴェラが女児を産んだ。国王が不在のまま、急いで洗礼式を行なう必要があった。すると、お妃様ご自身が名親になればよろしいではありませんか、とフレデグンドが無邪気をよそおってささやいた…。帰館したキルペリクは、心ならずも近親相姦の状態にあると気づいた。妻が、娘の名親だからだ。ゆえにキルペリクはアウドヴェラを離縁せざるをえなくなった。後釜に座ったのは…フレデグンドであった。五六五年ごろにキルペリクと結婚したフレデグンドはやがてリグントという女児を産んだ。アウドヴェラは、自分が生んだ三人の子ども（メロヴィク、クロヴィス、バジーナ）をつれて宮廷を遠く離れた。

しかし、キルペリク王と寝床をともにする権利は安泰ではなかった。とくに、高度に政治的な思惑がからむときは。キルペリクには二人の腹違いの兄がいた。アウストラシア王のシギベルトとブルグント王のグントラムであり、彼らとの仲はすこぶる悪かった。五六六年、シギベルトは、外国の王女、すなわちイベリア半島の西ゴート王アタナギルドの娘であるブルンヒルドと結婚した。絢爛《けんらん》豪華な結婚式が挙げられ、西ゴート王には男子の相続人がいないだけにシギベルトは前途洋々たる花婿であった。幸運をつかんだ兄に嫉妬したキルペリクは、自分もアタナギルドと交渉し、ブルンヒルドの姉であるガルスヴィントを娶《めと》ることを考えた。西ゴートの老王は同意したが、条件を出した。キルペリクが治めるネウストリア王国の三分の一の資産を妻となるガルスヴィントにあたえることだった。フレデグンドを離縁するのもいわずもがなの条件であり、キルペリクはこれをただちに実行した…

　こうしてキルペリクは五六七年にガルスヴィントと結婚したが、フレデグンドは宮廷にとどまり、ふたたび王を誘惑して妾におさまった。キルペリクとガルスヴィントとフレデグンドの三角関係は噂になった。ガルスヴィントはこのような屈辱は耐えられないと宣言し、実家に戻るのを認めるよう要求した。むろん、彼女が手にした資産を手土産として…。キルペリクは冷や汗をかいた。ある夜、一人の男が王妃の寝室にしのびこんで、ガルスヴィントを絞殺した。フレデグンドがこの暗殺を提案した、と主張する者もいるが、このような場合にキルペリクがだれかの助言を必要としていたとは考えられない。ガルスヴィントの死を嘆き悲しむふりをして埋葬を終えると、キルペリクはふたたびフレデグンドと結婚する。五六九年ごろだと思われる。

　シギベルト王が治めるアウストラシアの聖職者たちは、キルペリクが適切な服喪期間を守ることなくフレデグンドとふたたび所帯をもったことに眉をひそめた。ガルスヴィントの通夜のさいちゅうに奇怪な現象が起きた、とも伝えられた。神がすべての人間に、罪なき女性が殺され、彼女の死に責任のある者たちがすぐ近くにいる、と告げているかのように。物堅《ものがた》いトゥール司教グレゴリウスもキルペリクとフレデグンドに敵対的な態度をとり、こうした噂をふれてまわった。シギベルト王の妻であるブルンヒルド――殺されたガルスヴィントの妹――の力ぞえで司教になれたグレゴリウスは、アウストラシア国王夫妻の意をくんでこのような行動に出たのだろう。

五六八年にはすでに、ガルスヴィントの遺産をめぐる紛糾がもちあがっていた。キルペリクは寡夫として亡妻の遺産をわがものとしたが、ブルンヒルドは故人の妹として自分に相続権があると主張した。アウストラシア王のシギベルトは妻ブルンヒルドの権利を擁護することを決め、キルペリクに宣戦布告した。もう一人の兄、ブルグント王のグントラムはさんざん迷ったのち、シギベルトの側につくことにした。劣勢なまま七年間戦いつづけたキルペリクは力つき、次々と町を占領された。五七五年、彼は最後まで残っていた要塞都市トゥルネで敵軍に囲まれてしまった。攻囲戦のさなかに、フレデグンドははじめての男児を産んだ。この赤児を待っている運命に幻想をいだいていなかった母親が選んだ名前はサムソンであった。旧約聖書の悲劇の英雄と同じように、捕らえられて剃髪されると思ったからだ［古代イスラエルのサムソンは美女デリラに自分の怪力の秘密が長い髪であることをもらしたために、髪を切られて投獄される。剃髪とは、修道士となって修道院で暮らすことを意味する］。メロヴィング朝の敗者を通常待っている運命だ。フランク人の慣習にしたがえば、長髪の者のみが王座につくことができる。剃髪は、望ましくないライバルを排除するのに役立った…。でも、いつかまた髪を伸ばすことができる日が来るかもしれない、そうしたら、この新たなサムソンも力をとりもどして復讐できるのではないか…［旧約聖書のサムソンは投獄中に髪が伸びて怪力をとりもどす］

五七五年の終わり、シギベルトは自分が勝ったと確信した。彼は補佐役たちにトゥルネの攻囲をまかせ、ネウストリアの王として認知してもらうために民衆を集めての大集会を開催した。こうして攻勢が小休止したことで、キルペリクとフレデグンドは最後の賭けに出ることにした。二人は、トゥルネから少人数の刺客の一団を脱出させた。彼らはシギベルトを歓迎して集まった群衆にまぎれこんだ。この暗殺団はスクラマサクス（長剣よりもめだたない、片刃の短剣）をおびていた、しかもフレデグンドがあらかじめ刃に呪いをかけていた、と伝えられる。予想外の大きな被害が出たことを考えると、スクラマサクスに毒がぬられていた可能性はおおいにある。シギベルトは殺され、重臣たちも重症を負った。指令機能が失われたため、アウストラシア軍は潰走した。キルペリクはトゥルネから脱出し、自分の王国をとりもどすことができた。それだけでなく混乱に乗じて、兄嫁にして、前妻の妹でもあるブルンヒルドを捕らえ、ルーアンに送還して司教プラエテクスタトゥスの監視下においた。

継母

五七五年の冬、苦境におちいっていたのはブルンヒルドだけではなかった。フレデグンドの息子、サムソンの誕生は、王子メロヴィクの運命をゆるがした。キルペリクとアウドヴェラのあいだに生まれたこの王子はそれまで、ネウストリアの王位継承者と目されていた。だがメロヴィクはいまや、サムソンが後継者に指名されるようフレデグンドが策略をめぐらすのではとおそれていた。不安になるのも無理なかった。五一一年、クロヴィス王の妻であった偉大なクロティルドでさえも、先妻の子どもたちの権利を奪うために奔走したではないか。クロヴィスのキリスト教への帰依をうながし、貧者の救済に力をつくしたために教会から聖人と認められたクロティルドでさえも、自分が産んだ子どものためならなりふりかまわなかったのだ。邪悪なフレデグンドならなにをしでかすことやら…

五七六年の春、形勢不利な二人、ブルンヒルドとメロヴィクが手を結ぶことにした。母親に会いに行くとの口実でルーアンに旅したメロヴィクは、とらわれの身であったブルンヒルドと結婚した。このような結婚は倫理上、問題なしとはいえず——未亡人が、夫を殺した人物の息子と結婚するのだ！——、教会法に照らせば近親相姦であった。とはいえ、現地の司教は結婚を認めた。この大胆な二人が不人気きわまりないネウストリア王キルペリクを倒してくれるのでは、と期待したからだ。

考えが甘かった。東の国境の守りをフレデグンドに託し、キルペリクはルーアンに駆けつけて新婚の二人を捕らえた。ブルンヒルドはアウストラシアに送られたが、彼女にとってこれは願ったりかなったりだった。メロヴィクは剃髪して修道院に入るよう命じられた。髪とともに、メロヴィクは王位につく望みを失った。二人の結婚を認めたルーアン司教をキルペリクは解任、追放した。数か月後、メロヴィクは僧院を抜け出したが、テントのなかで喉をかき切られた死体となって発見された。フレデグンドはすぐさま、「メロヴィクは自殺したのだ」と主張したが、人々を納得させられなかった。「死体のそばに武器はなかったではないか」との疑問に対して、フレデグンドは「メロヴィクは親友に自分を殺すように頼んだのだ」と説明した。自殺幇助というわけだ。用心に越したことはないので、件《くだん》の親友はすぐさま殺された。これで、矛盾した証言が飛び出してくる可能性はなくなった。

メロヴィクがいなくなってフレデグンドはほくそ笑んだが、ブルンヒルドのほうも二人目の夫の死にさして打ちのめされていないようすだった。ブルンヒルドはアウストラシアに着くと、夫メロヴィクの死を悼《いた》むというより、まだ幼い息子、キルデベルト二世の摂政として権威を確立しようと奮闘しはじめた。この権力奪取の戦いを、ブルンヒルドは躊躇《ちゅうちょ》なく進めたが、むだな暴力ざたを避けたため、同時代の人々の称賛の的となった。ゆっくりと、しかし確実に地歩を固め、彼女は五八三年に権力を掌握するにいたり…六一三年まで保持する。

ネウストリアのフレデグンドも、キルペリクが死んだ場合に自分が摂政として統治するためには息子を必要としていた。だが幼いサムソンは五七七年に病死する。これにより、王位継承権は、アウドヴェラのもう一人の息子であり、亡きメロヴィクの弟であるクロヴィスのものとなった。この若者は、継母に対する憎しみを隠そうともしなかった。そして、自分が王位についたあかつきにはフレデグンドに借りを返すつもりだ、と公言していた。一部の貴族は、その日が来るのを早めるべきかもしれないと考え、陰謀を練りはじめた…が、計画は失敗に終わり、陰謀荷担者たちは大きな代償をはらうことになる。キルペリクとフレデグンドは寛恕《かんじょ》とは無縁の似たもの夫婦であった。王国の何人もの大貴族が大逆罪に問われ、手と足を切断された。彼らは街道の四つ辻でさらし者にされて、長く苦しんでから死んだ。法律により、とどめを刺してやることは禁じられていた。キルペリク王を裏切る誘惑にかられた者が、この残酷な刑罰を思い出して躊躇《ちゅうちょ》しているあいだに、フレデグンドは二人の男児を産むことができた。クロデベルトとダゴベルトである。クロヴィス王子はまたしても王位継承者の資格を失った。メロヴィング朝では、国王が亡くなると寡婦が相続の割りふりを差配するのが一般的であり、自分が産んだ子に有利になるよう画策するのが常であった。

むろんのこと、クロデベルトとダゴベルトの父親がキルペリクであることが条件である……五八〇年、フレデグンドがメロヴィング王家の遠縁にあたるボルドー司教ベルトランドゥスと関係をもっている、との噂が広がった。王妃が夫を裏切り、涜聖を犯し、近親相姦の罪を犯している、と指差されたことになる。キルペリクは怒り狂い、トゥール司教のグレゴリウスがこの誹謗中傷を広めた張本人だと非難した。今回ばかりはフレデグンドに非はなかったと思われるが、彼女は以前から悪評高かったのでこうした噂を立てられても仕方なかった。グレゴリウスは逮捕され、裁判の場に引き出された。窮地に追いこまれたグレゴリウスは、ラテン語の詩句を多用してフレデグンド王妃の高徳をたたえるほかなかった。いわく、「(王妃の)品行のよさは、わが王国を飾る宝石である」。キルペリクはこれで妻の汚名は雪《そそ》がれたと満足した。キルペリクの攻撃で痛い目にあったグレゴリウスはしばらくのあいだ、おとなしくしていた。しかし、五九〇年ごろに著わした「歴史十巻」のなかで、恨みを晴らした。この著作はキルペリクを「メロヴィング朝のネロ」として描き、彼が犯したすべての罪は妻にそそのかされた結果であるとしてフレデグンドにも容赦ない。この本が多くの読者を獲得したため、フレデグンドの悪女伝説はあっというまに普及した。

　この騒動のあとも、フレデグンドは不運にみまわれつづけた。同じ五八〇年、二人の息子、クロデベルトとダゴベルトがあいついで亡くなった。当時はおそろしい疫病がフランク人の世界に広がっていたのだが、二人の王子の死は国王夫妻が犯した罪に対する神罰である、と多くの人が考えた。フレデグンドは息子たちの命を奪った者を天上ではなく、地上で探し求めた。クロデベルトとダゴベルトの死で得をするのはだれだ？　フレデグンドのライバルとその息子に決まっている！　クロヴィス王子に疑いがかけられた。証拠を得るため、フレデグンドはただちにクロヴィス王子の愛妾を拷問にかけ、次いで、彼女の母親も同じ目にあわせた。この母親は魔法の薬を調合できるとの評判だったから、フレデグンドの二人の息子は毒殺されたにちがいない！　キルペリクは妻の讒言《ざんげん》を信じるにいたった。クロヴィス王子は逮捕された。フレデグンド自身が尋問を行なったが、たいした成果は得られなかった。ある朝、衛兵たちは独房のなかでクロヴィス王子が死んでいるのを発見した。だれかさんはメロヴィク王子の死の真相をめぐっての騒動で学習したらしく、今回は自殺説が疑われないように、短刀が傷口につき立てられたままであった。

　クロヴィス王子の近親者に対しては、こうした細工など無用とばかりに露骨な迫害がくわえられた。母親のアウドヴェラは惨殺された。フレデグンドは自分に仕える者たちに、クロヴィスの妹バジーナを強姦してから修道院に閉じこめるよう命じた。用心に用心を重ね、クロヴィス王子の有罪を証言した者たちは処刑された。証言をひるがえす、というとんでもない考えにとり憑《つ》かれるかもしれないからだ。

五八三年の春、フレデグンドはまたしても男児を産んだ。テウデリクと名づけられた赤児は数週間後に死亡する。赤痢が原因と思われる。またしてもフレデグンドは犯人を炙り出そうとした。彼女は、パリの骨接ぎ女たち［骨接ぎ師は呪医の一種とみなされていた］に目をつけ、拷問にかけた。気の毒な女たちはフレデグンドが望むとおりの答えを自白した。重臣の一人が薬草や毒物に詳しいらしいと聞くと、フレデグンドは彼を拷問にかけ、手足が切断された姿で生まれ故郷に送りとどけた。パラノイアに襲われていたのだろうが、フレデグンドが苦しんでいたことに議論の余地はない。テウデリクの死後、この児のために作らせた絹の産着を焼却するように命じた。死児を思い出させるものはなに一つ残しておきたくなかったからだ。だが、同時代人たちは憤慨した。メロヴィング朝時代の貧しい社会で、高価な物資をこのようにむだにした前例は皆無だった。

フレデグンドは仕方なく、娘リグントの世話を焼くようになった。キルペリクは、ガルスヴィントの殺害によって関係が険悪となったイベリアとの同盟関係を再構築するため、娘を西ゴートの王子と結婚させることに決めていたが、息子たちがすべて死んだいま、王は迷いだした…。本音をいえば、リグントではなく、アウドヴェラが産んだ娘バジーナを嫁がせるほうが好ましかった（バジーナは継子扱いであったから、ネウストリアにかんする権利が婚家に引き継がれる可能性はなかった）。王の顧問たちは、強姦されて修道女となった王女を西ゴート王家が歓迎するはずがない、と主張した。第一、教会が断固反対している。仕方がない、リグントはトレド（西ゴート王国の首都）に送りこまれることになった。自分の気前のよさを見せつけるため、フレデグンドは金銀、豪華な服、奴隷からなる莫大な持参財産を用意した。運搬にはすくなくとも五〇台の荷車が必要となった。随員は四〇〇〇人であった。

結果的に、フレデグンドは外交慣習にかんする無知をさらけ出した。フランク人の王女がこれほどの持参財産をあたえられたことはなかった。アウストラシア王国とブルグント王国の君主たちが、不分割財産としてメロヴィング家の全員に所有権がある資産をネウストリアは勝手に使っている、と抗議の声をあげた。事実、リグントの持参財産をひねり出す手法には疑わしいところがあった。ブルンヒルドが摂政をつとめるアウストラシア王国の大使がこの問題を探ろうとしたところ暗殺された。ネウストリアの大貴族たちも疑問をいだきはじめた。フレデグンドはおちつきはらって、「私個人の資産を提供して持参財産を用意した」と答えた。自分の手足が胴体から切り離されるのは嫌だと考えるのであれば、王妃にこれ以上質問すべきではない。それどころか、フレデグンドの求めに応じて、結婚祝いをはずむことを余儀なくされた。

花嫁行列が出発した。羨望の的となる豪華な荷物を大量に運ぶキャラバンはゆっくりと進み、フランク人の世界に巣くうすべての追いはぎの格好の標的となった。ブルンヒルドはアウストラシア国内で追いはぎたちに恩赦をあたえることで、こうした掠奪をこっそり応援した。花嫁一行にとってトレドは遠かった。二年後、すべての財宝をなくしたリグントは道を引き返して母のもとに戻った。

そのころ、フレデグンドは栄光の頂点にあった。五八四年の初めに男児を産んだだけになおさらだった。今度ばかりは、危険をおかしてはならない。赤児が国民に披露されることはなかった。公開の洗礼式も行なわれなかった。そして、刺客に襲われぬよう、人里離れたヴィトリの王領につれていかれた。

だが、数週間後に殺人事件が起こった。狙われたのは赤児ではなく、その父親であるキルペリクであった。パリ近辺での狩りのさいちゅうに、国王は襲撃され、刺客は逃走した。この暗殺を指示したのがだれであるかは不明だ。フレデグンドが疑われたが、合理的な理由はない。第一、夫を殺してなんの得があるのだろう？　アウストラシアの女摂政ブルンヒルドと、ブルグント王のグントラムは王を失ったネウストリアをばらばらにしようと、迅速に動いた。

サバイバー

フレデグンドは窮地に追いこまれた。ネウストリアの貴族のほぼすべてに見放された彼女はパリのカテドラルに逃げこんだ。彼女にとって幸運なことに、最初にパリに入城したのはブルグント王のグントラムだった。グントラムも、息子全員を亡くしていた。キルペリクが跡取りを残しているならば、自分がその子の代父になってやろう、と考えた。すなわち、幼い王子が成年に達するまで、自分が代理としてネウストリアを治めよう、と意図したのだ。そこでフレデグンドはいそいそと、これがキルペリクの遺児です、と言ってグントラムに一人の赤児を見せた。グントラムは疑いをいだいた。名もなく、認知されてもおらず、これまでだれひとり見たこともない児を見せられても、信用する気になれなかった。実際のところ、本物の王子を死産したフレデグンドが赤の他人の子どもをグントラムに披露した可能性がある。もやもやした雰囲気のなか、フレデグンドは、自分はもうすぐ出産する予定である、と告げた。グントラムに披露した赤児を認めてもらえないなら、父親キルペリクの死後に産まれた男児と称して別の赤児を紹介する、というおそろしく単純な計算だ。グントラムは、フレデグンドの最後の出産は四か月前だったはずだが、と言い返した。フレデグンドの次の出産の話はこれで沙汰止《さたや》みとなった。

よくよく考えてみると、どこからともなく現われたこの王子の存在はグントラムにとって都合がよかった。この児をキルペリクの遺児として否定するなら、自分はネウストリアをアウストラシアのブルンヒルドと分けあうことになる。その一方、父親を亡くした子どもに気遣う代父を演じるならば、ブルンヒルドになにもあたえることなく、ネウストリア全土をコントロール下に置くことができる。ネウストリアの重臣たちも、ネウストリアが分割されずに生きのびるなら、自分たちは地位を失わずにすむ、と考えるようになった。数日前にフレデグンドを見放した貴族たちが帰参し、グントラムに、「はい、まちがいありません、名も知らぬこの子はキルペリクの遺児です、疑うことなかれ」と太鼓判を押した。王国の分割をのがれるためならばと、重臣たちはおごそかに宣誓までやってのけた。

ブルンヒルドは納得しなかった。パリの城壁の前でやってきたが入市をはばまれた彼女は、グントラムに警告の手紙を書いた。「あなたの兄弟の頭につき立てられた斧は刃こぼれしておらず、やがてあなたの頭を直撃するでしょう」。すなわち、フレデグンドがシギベルトとキルペリクを殺し、次はグントラムを狙っている、と告発したのだ。だが、グントラムはいったんくらいついたネウストリアを放そうとしなかった。かくしてフレデグンドは、王位継承者の母親として王妃の地位にとどまった。当然だが、彼女に少しでも権力を残しておくことなど、グントラムにとって問題外だった。フレデグンドのために、ルーアンに形ばかりの宮廷が用意された。よけいなことに口をはさまずに息子を育てるがよい、というわけだ。

この新たな住まいで、フレデグンドは退屈した。どこにも嫁がせることができなくなった娘のリグントを苛《いじ》めることで少し気をまぎらわした。リグントは愛人をたくさん作ることで母親に復讐した。とはいえ、王妃はやがて「生きがい」をとりもどした。またしても彼女の周囲では不審な死があいついだ。とくに、グントラムがフレデグンド監視のために送りこんだ男たちが標的となった。長年の追放を解かれてルーアンに戻ってきた司教プラエテクスタトゥスは、日曜のミサの真っ最中にスクラマサクスの一撃を受けた。瀕死の重傷を負った司教が自室に運ばれると、フレデグンドが駆けつけ、自分の侍医たちに手当をさせようと申し出た。司教は最後の力をふりしぼり、フレデグンドの親切な申し出を自分がどのように思っているかをぶちまけた！

フレデグンドがこうして忙しくしているあいだ、重臣たちはネウストリアの失われた独立をとりもどすために工作した。彼らがうまく立ちまわったため、グントラムは義妹フレデグンドに領地を返還する羽目におちいった。かくしてフレデグンドは、これまでずっと夢見ていた、自由に采配をふることができる王妃となった。司法の場で判決をくだすようにもなった。ただし、彼女独自のやりかたで。例をあげてみよう。ある日のこと、二つの貴族一門のあいだの紛争に黒白をつけることになった。錯綜《さくそう》した事案であったため、フレデグンドはたっぷりと酒を用意して宴席をもうけ、対立する当事者らを招き、和解するよう勧めた。厚かましい貴族たちは、王妃のせっかくの申し入れを拒絶した。フレデグンドは全員を酔わせてから、両家の頭領の頭に斧をふり下ろさせた。えこひいきがないこの処置により、王妃は紛争をおさめた。

五八五年以降、アウストラシアのブルンヒルドはネウストリアから送りこまれた刺客の訪問をたびたび受けるようになった。にせの聖職者、にせの医者、にせの使者と、フレデグンドは義姉とその子孫を抹殺するためにさまざまな工夫をこらした。刺客に武器をあたえて送り出すとき、フレデグンドは、ぶじに戻ってきたら褒美をたんとやる、敵地で命を落とした場合はおまえたちの魂の救済のために祈ってやる、と約束した、といわれる。ときには、複数の刺客団が同時に、異なる標的をあたえられて送り出された。用心深いうえに情報網を張りめぐらしていたブルンヒルドは、すべての暗殺計画を未然に防ぎ、使命を果たせずに意気消沈した刺客をフレデグンドのもとに送り返す余裕を見せた。

非常に邪魔な後見人であるグントラムを始末するために、にせの大使が送りこまれることもあった。ブルンヒルドとは異なり、ブルグント王のグントラムは鷹揚《おうよう》にかまえることができず、フレデグンドを「神と人間の敵」とよんだ。そして五八七年にブルンヒルドと協定を結び、彼女の息子をブルグント王国のただ一人の後継者にする、と決めた。ただし怒りが鎮まると、不愉快な義妹フレデグンドがセーヌ川下流域の支配圏を保持することを許した。ネウストリアが消滅するとしたら、覇権をめぐる政治はブルグントとアウストラシアの対立に要約されてしまうからだ。ブルンヒルドは、フレデグンドと違って粗暴ではなく、はるかに利口であるだけに、敵としてはやっかいだ…

五九〇年、ネウストリアの名もなき幼い王は病気に倒れた。絶望にくれたフレデグンドは、昔の面影もないネウストリアを一挙につぶしてしまうとする敵の動きになすすべもなかった。しかし、子どもは回復し、脅威は遠ざかった。翌年、ブルグントの老王グントラムは、先延ばしになっていたフレデグンドの息子の洗礼式を挙行することで最後の勝負に出た。この若い王は、クロヴィスが統一したフランク王国の再統一に成功した唯一の王であるクロタール一世にちなんで、クロタール二世と名づけられた。だれからも憎まれていた母親のフレデグンドは洗礼式に招待されなかった。

五九二年、グントラムの死——フレデグンドが彼の死を待ち望んでいたことはまちがいないが、犯罪とは関係のない病死だったと思われる——で、フレデグンドの命運はつきてもおかしくなかった。ブルンヒルドがこの機に乗じて、ブルグント、アウストラシア、そしてネウストリアの大半を統一したからだ。フレデグンドにとっての幸運は、彼女がだれからも忌《い》み嫌われていることだった。凶暴なフレデグンドに対する恐怖は、ブルンヒルドが自分のもとにまとめようとしていた各地の貴族を団結させるための数少ないファクターの一つだった。ゆえに、こけおどしの鬼の役目を果たしてもらうために、ブルンヒルドはフレデグンドを生かしておいた。いずれにせよ、フレデグンドの領地であるセーヌ川下流域は僻地であり、権勢をふるうブルンヒルドにとって少しも脅威でもなかった。

　五九六年、ブルンヒルドが治める王国内部に緊張が生じたのを好機と見たフレデグンドは、パリ征服を試みた。彼女の場合にありがちなことだが、日和見的で、暴力的で、無謀な軍事作戦だった。力関係を正確に見きわめていなかったため、いったんおさめた勝利を活用することなど不可能だった。ネウストリアの手に落ちたパリは、短期間で奪い返される。ただし、フレデグンドは、息子のクロタール二世がパリ――クロヴィスの古い都――に君臨するのを見ることができた。彼女は数か月後に亡くなり、サンジェルマン教会の内部、夫キルペリクのかたわらに葬られた。

　予想に反して、若いクロタール二世は、その名前にこめられた願い――クロタール一世にならってのフランク人の世界の再統一――を果たすことになる。六一三年、アウストラシアとブルグントの貴族たちがブルンヒルドを裏切って、彼女をクロタール二世に引き渡した。クロタール二世は、三〇年以上の期間に起きた不可解な殺人――すなわちフレデグンドがたくらんだ暗殺――の大半をブルンヒルドの犯行だと糾弾し、残忍な手法で処刑した。年老いた王妃ブルンヒルドの髪が一頭の馬の尾にくくりつけられると、馬は全力で駆けだした…。ただし、長年にわたるその統治において、クロタール二世は、フレデグンドの近視眼的な権謀術数ではなく、ブルンヒルドの壮大な戦略を模倣した。しかも、彼の母とされる悪評高き女の名誉回復に努めたようすもない。

フレデグンドはだれの目にも、暴力的で人をあやつるのが得意な王妃というイメージを残した。だが、彼女はその暴力的な言動を隠そうともしなかった――同時代人にとって、女性がこのように堂々と暴力を行使することは許しがたかった――、自分よりも頭がよい敵を相手にしていたので彼女の奸計は野卑そのものに見えた、というべきであろう。すくなくとも、彼女は生きのびることに成功した。これは、あの時代においては偉業である。また、すべての希望が失われたように思われたのに、王国をとりもどすことができたのは幸運であった。七世紀の終わりになっても、奸計《かんけい》によって起死回生《きしかいせい》に成功した者は、「(やつは)フレデグンド王妃のやり方を憶えている」といわれた。

ブリュノ・デュメジル

参考文献

LEBECQ Stéphane, *Les Origines franques*, V^{e}-IXe siècle, Paris, Seuil, 1990.

LE JAN Régine, *Les Mérovingiens*, Paris, PUF, 2015.

PÉRIN Patrick et FEFFER Laure-Charlotte, *Les Francs*, Paris, Armand Colin, 1987. WOOD Ian, *The Merovingian Kingdoms*, 450-751, Londres, Longman, 1994.

4 エッツェリーノ三世・ダ・ロマーノ
凶暴な武人
（一一九四―一二五九）

トレヴィーゾ辺境地帯を支配圏としたエッツェリーノ［エチェリーノ、エッゼリーノとも］三世・ダ・ロマーノは、北イタリアの広大な地域を支配下に置いたコンドッティエーリの嚆矢《こうし》であり、豪腕で自領を統治した。彼は皇帝派の頭目であり、神聖ローマ帝国皇帝フリードリヒ二世の忠実な同盟者であったが、統治者としての政治的正当性を欠いていた。くわえて、その性格や手法ゆえに敵を増やすばかりだった。不確かな権力を堅固なものとするため、彼は残忍性を統治手段に選び、泣く子も黙る暴君に事欠かなかったイタリアでも屈指の凶暴な武人として歴史に名を残す。

［トレヴィーゾ辺境地帯は、北イタリアのガルダ湖から、スロヴェニア人との民族境界を形成するクラス台地にいたる一帯。中心は都市国家トレヴィーゾ。神聖ローマ皇帝派と教皇派がこの地の覇権を競っていた。コンドッティエーリとは、イタリアにおける覇権を狙う内外のさまざまな勢力の傭兵として活躍した武人や、その子孫をさす］

教皇から破門宣告され、司祭たちからは呪詛《じゅそ》の言葉を投げかけられ、民衆からも呪われた…。エッツェリーノ三世・ダ・ロマーノの名は恥辱にまみれている。彼の黒い伝説はごく早い時期に成立した。彼の死からわずか数十年後、ダンテは『神曲』の「地獄」のなかに彼のために特等席を用意した。ダンテのすぐあと、今度はペトラルカが自作の詩のなかで彼を、古代のもっとも血なまぐさい暴君と目されているアガトクレス、ディオニュシオス一世［どちらもシラクサ（シュラクサイ）の僭王］、そして皇帝ネロの同類として扱った。ボッカッチョ、続いてアリオストも、エッツェリーノ三世のお仲間として別の名前――マリウス、スッラ…きわめつけはアッティラ！――をつけくわえた。しかし、エッツェリーノ三世・ダ・ロマーノをおぞましく残忍で野蛮、獣のような暴君の典型とする見方を決定づけたのは、スイスが生んだ歴史研究の泰斗《たいと》、ヤーコプ・ブルクハルトの浩瀚《こうかん》な著作『イタリア・ルネサンスの文化』（一八六〇）である。

エッツェリーノの黒い伝説のうち、どれが真実で、どれが誹謗中傷であるかを見分けるのはむずかしい。神聖ローマ帝国皇帝フリードリヒ二世（ホーエンシュタウフェン朝、イタリア名はフェデリーコ二世）の同盟者として、イタリア北部において皇帝の権益を代表していたエッツェリーノは、もっとも強力なギベリン派［皇帝派］領主であり、教皇権力にとってもっとも無慈悲な敵であった。当時の教皇たちも、このことを十分に意識していた。一二五四年に発表された、暴君［エッツェリーノ三世］破門を宣告する教皇勅書はすさまじい怒りに満ちている。「人間の顔の下に獣の魂を隠し、キリスト教徒の血に飢え、第三者らの助けで大胆になった（エッツェリーノは）、人類のあらゆる権利に対する容赦ない戦いをはじめた」。これが、エッツェリーノ三世糾弾の雛形《ひながた》となり、年代記作者たち——その大半は教皇派と教会関係者、すなわちエッツェリーノの敵——は、どす黒い伝説の執筆に励むようになり、当人の悪逆非道をことさらに強調し、「悪魔の息子そのもの」、「バルバドゥーラという名のおそろしき女魔法使いの息子」とよぶにいたった…

エッツェリーノの権力基盤

エッツェリーノのなみはずれた権力の出発点は、その出自であった。貴族のロマーノ家は辺境地帯トレヴィーゾの領主であり、バッサーノと、なによりもフェルトレを強固な地盤としていたが、ヴィチェンツァとヴェローナも支配下に置いていた。エッツェリーノ三世は一一九四年四月二五日に生まれた。最後には修道士エッツェリーノ二世とよばれることになる父親と、母親アデライータ（マンゴーナ伯爵の娘）にとって四番目の子どもであったが、はじめての男児であった。このころ、エッツェリーノ二世は自分の勢力基盤を固めようと努めていた。そのため、教皇派（グエルフィ）と神聖ローマ皇帝派（ギベリーニ）の対立抗争と、一帯のコムーネ（都市共和国）の危機的状況に目をつけた。ロマーノ家代々の敵であるエステ家だけでなく、サン・ボニファァチョ家、カッラーラ家、パッラヴィチーノ家といった名門領主たちのあいだの敵対関係が、コムーネ総の力の衰退に拍車をかけていた。こうした貴族たちは自分たちの影響力を活《い》かして、コムーネ総督の権限に触手《しょくしゅ》をのばすことをためらわず、市民の安寧という総督にとっていちばん重要な使命をなおざりにし、ライバル一族を押しのけて自分たちの一族を利することにしのぎを削っていた。エッツェリーノ二世もその例にもれず、一一九一―一一九三年にトレヴィーゾの総督となり、一二〇〇年にはヴェローナの、一二一一年にはヴィチェンツァの総督となった。こうしてトレヴィーゾ辺境地帯は少しずつ、都市共和国が林立していたイタリアのほかの地方と同様に、暴力の淵に沈み、血で血を洗う復讐のサイクルにまきこまれるようになった。しかし、流血の戦いに明けくれる日々に疲れたエッツェリーノ二世は一二二三年に修道院に隠棲することを決めた。こうして「修道士」という綽名《あだな》を得た父親が俗世に残したものを、息子二人が分けあうことになった。長兄であるエッツェリーノは当然のこととして、もっとも価値がある部分――ロマーノ家の所領であるバッサーノとマロースティカ、そしてコッリ・エウガネイ［ヴェネト平野中心部の丘陵地帯］のすべての城――を相続し、弟のアルベリーコは残りで我慢した。

エッツェリーノの「治世」の初期には、箍《たが》がはずれたようなふるまいは一つもなかった。ただし、彼は子どものころから一種独特の創意工夫の才能と、戦争に対する強い嗜好を示していた。たとえば、ミニチュアの投石機やカタプルタ［攻城用の大型投石機］を組み立て、父親が攻囲戦をしかけている最中に、ロマーノ一族の敵に対して試しに使ってみたことがあった（たいした成果は得られなかったが）。また一二一三年秋には、エステ伯との戦いで父親を補佐して勇猛ぶりを発揮している。だが、ロマーノ家当主となってからの最初の数年は、当時のイタリアの政治状況に鑑みると、ごくごく通常であった。

一二二一年、エッツェリーノと妹のクニッツァはそれぞれ、ヴェローナの権力者であるサン・ボニファチョ伯爵家の娘と息子と結婚した。その結果、両家のヴェローナに対する影響力が強まった。サン・ボニファチョ家という貴重なうしろだてのお陰で、一二二六年六月にエッツェリーノはヴェローナ総督に指名された。教皇派の都市同盟である第二次ロンバルディア同盟が結成されたので、エッツェリーノはヴェローナを率いて神聖ローマ皇帝フリードリヒ（フェデリーコ）二世に対抗して戦おうと張りきった。ただし、総督の任期は一年しかないことを忘れてしまった…。エッツェリーノは一二二七年、ロンバルディア同盟の指導層の圧力を受けて、ヴェローナの「民衆」派に総督職をゆずることを余儀なくされた。だがエッツェリーノはヴェローナ内部の紛糾を利用して、一二三〇年六月に総督職に返り咲くことに成功する。ところが「コムーネの特権」を尊重する別の勢力を支持していたロンバルディア同盟から反対されたことで、エッツェリーノは一二三二年、皇帝フリードリヒ二世に接近した。数年後、彼の主たる敵であるエステ一族は教皇派についた。一二三〇年代、教皇派と皇帝派の対立はいよいよ深まり、急進化し、なによりも規模が変化した。これで、エッツェリーノの武勲詩が綴《つづ》られるのにふさわしい背景が整った。

皇帝に仕えて

皇帝との同盟を選んだことは、エッツェリーノの「キャリア」にとって決定的な分岐点となった。彼が皇帝派の大義にイデオロギー面で共鳴した、と考えるのはまちがいである。利害を計算したすえの選択、とみなすべきだ。フリードリヒ二世はまず、同盟者となったエッツェリーノに軍事支援をあたえた。これははかりしれない恩恵をもたらした。一二三六年、皇帝はヴェローナに駐屯部隊を配備し、市民による暴動や騒乱が起きてロマーノ家を脅かす危険をとりのぞいてくれた。同じ年、皇帝はヴィチェンツァを掠奪し、エッツェリーノに統治をまかせた。エッツェリーノは一年後、コルテヌオーヴァの戦いで皇帝がロンバルディア同盟を打ち負かすのを助けて恩返しした。ヴェローナでは心配事がなくなったので余裕ができたエッツェリーノはパドヴァを奪取し、弟のアルベリーコはトレヴィーゾを占拠した。これと並行して、エッツェリーノはあなどれないライバルであるエステ侯とサン・ボニファチョ伯［サン・ボニファチョ伯はエッツェリーノによってヴェローナを追われ、パドヴァに移っていた］との争いで勝利をおさめ、彼らから複数の要塞を奪った。

なによりも重要なのは、皇帝が一二三八年に同盟関係を強化し、エッツェリーノにさらなる正当性をあたえてくれたことだった。エッツェリーノはその忠誠にたいする褒美として、皇帝の娘（婚外児）――セルヴァッジャという美しい名前の持ち主であった――を再婚相手として迎えることができたのだ。それだけでなく、トレントのアルプスからオリオ川のあいだにあるすべての領土を皇帝代理として治めることになった。一連の政治面および軍事面での成功によって、エッツェリーノはほんの数年で広大な地方を支配する権力者となった。

一二三九年にフリードリヒ二世が教皇によって破門されると、教皇派と皇帝派の抗争は猛々《たけだけ》しさを増す一方となった。これにあわせるように、一二四〇年代に入るとエッツェリーノ個人への権力集中が少しずつ進んだ。一二五〇年に皇帝が死去すると、エッツェリーノは最後まで残っていた歯止めから解き放たれた。「暴君」はだれからも掣肘《せいちゅう》を受けることなく、恐怖で支配し、とてつもない残忍性を発揮するようになった。

一匹狼

エッツェリーノの残忍な行ないと領土獲得の野心は、しだいに彼を孤立へと追いこみ、教皇を中心として形成された幅広い同盟との軋轢《あつれき》は増した。一二五四年、教皇イノケンティウス四世は、暴君エッツェリーノとその同盟者であるロンバルディアのオベルト・パッラヴィチーノは異端者であると宣告して破門し、二人に対する十字軍遠征を命じた。このエッツェリーノ征伐にはせ参じたのは、ボローニャとマントヴァのほか、サン・ボニファチョ伯やエステ侯をふくむ多くの君侯、エッツェリーノが支配下に置いた都市から閉め出させた多数のフオリウシーティ（政治亡命者）であった。ヴェネツィアの支援を受けた十字軍は一二五六年六月一九日、パドヴァを奪取した。他方、エッツェリーノらはロンバルディア征服をめざしてブレシアを攻囲した。十字軍側は内部分裂のために戦勝を生かすことができず、エッツェリーノは二年後にブレシアを落とした。こうなると、ミラノはエッツェリーノの射程距離に入った。しかし、彼の残忍性と野心が度を越したものであったため、最後まで残っていた同盟勢力も彼から離れてしまった。一二五九年六月には、エッツェリーノ打倒を目的として、皇帝派が教皇派に合流する事態となった！　ミラノとモンツァに兵を進めている最中に四面楚歌《しめんそか》となったエッツェリーノは九月一六日、カッサーノ・ダッダで最後の戦いにのぞんだ。彼のかたわらに残っていた唯一の味方、オベルト・パッラヴィチーノは機を見て敵陣へとねがえった。

エッツェリーノは負傷して退却を余儀なくされ、彼の部隊は潰走《かいそう》した。落ちのびる先としてはベルガモが最良だと思われた。だが、追走されたエッツェリーノは、二年前に彼の命令によって手足を切断された兄弟の怨念を晴らそうと願う一兵士の手で捕縛された。十字軍を指揮していた君侯たちは彼の命を奪おうと思わず、同じ身分の同輩として遇したが、本人は手がつけられぬほど怒り狂い、食べ物も傷の手あても拒絶した。それればかりか、憤怒にかられて爪や手で傷口を広げて化膿させ、長いあいだ苦痛に苛《さいな》まれて死ぬことをみずから選んだ。彼の弟は、同じようなチャンスをあたえられなかった。一二六〇年八月六日、トレヴィーゾやパドヴァの民兵にサン・ゼノーネの城を攻囲されたあげく、女子どもをふくめた家族全員とともに惨殺された。

群れるのが嫌いで冷酷な暴君の典型？

年代記作者たちは想像をたくましくしてエッツェリーノ三世・ダ・ロマーノを悪魔のように描くことを競っているが、彼とて最初から「怪物」だったわけではない、という点では意見が一致している。権力の座につく以前、一介の騎士であったころのエッツェリーノは——すでに敵に対して容赦ないところをみせていたものの——友人たちにとっては感じがよくて愉快な仲間であり、約束はかならず果たし、こうと決めたことは貫徹し、考え方においても話し方においても慎重かつ穏健であった。ようするに、外見もふるまいも完璧な騎士だったのだ。彼がすっかり変わってしまったのは、一二三七年にパドヴァを攻略して、彼の権力がだれも止めることができぬ勢いで強まりはじめてからだった。

以降、彼の残忍性は激化の一途をたどった。というのも、極度の暴力は、彼が追求する専横的な権力行使と切っても切り離せない関係にあったからだ。エッツェリーノは、大きな権力を手中にした後もたんなる徒党の首領であったころと変わらず、不偏不党であらねばならないという君侯の義務など一顧《いっこ》だにしなかった。肩書きや称号に心を引かれることもなく、支配下に置いたコムーネの公職を引き受けようともしなかった。コムーネの治安回復のために彼がとる手法は、自分の敵とその家族の抹殺であった。一族全員を殺せば復讐に立ち上がる者もいなくなるので、私的な抗争の悪循環を断つことができる、という理屈だった。コンセンサスや妥協を探るようなことはいっさいせず、いがみあう党派間の和解を仲裁しようと努めることもなかった。それどころか、力による容赦ない統治を実践し、本物のもしくは潜在的な敵を予防的に抹殺した。彼が当初、いくつかの都市の住民に歓迎されたのは、以前からのエリート層に属していない「新しい人材」を登用して統治をはじめたからだ。フリードリヒ二世が優勢を誇っていた時期の相対的な平穏と、産業や商業の繁栄が、当時のエッツェリーノの人気を支えた。だが、彼はやがて民衆（貴族ではない都市住民という意味である）にも牙をむくようなった。とくに標的となったのは、住民の組織の長である。エッツェリーノはいたるところで、都市住民の党派――自分を支持していた党派も例外ではなかった――を体系的かつ無慈悲につぶす政策をおしすすめた。

当時、権力の象徴および支配正当化の手段として為政者が力を入れていたモニュメントの建造や都市美化のための大規模工事に、エッツェリーノは無関心だった。彼が建設に励んだ唯一の建造物は…牢獄であり、いずれも完成するとすぐに埋まった！

エッツェリーノ個人への極度の権力集中は、彼の脆弱性と対《つい》になっていた。しかも、この権力集中は時間の経過とともにますます強まった。フリードリヒ二世の死の前から、彼は自分が支配する都市の総督全員を皇帝の認可を求めることなく指名していた。こうした総督らは、すべての裁量権を奪われ、エッツェリーノの恐怖政治と重い課税のたんなる執行役となり、エッツェリーノに対する反感を強めた。

孤立と孤独の深まりは専制君主につきものであるが、これがエッツェリーノの偏執的な猜疑心を強め、残忍なふるまいを誘発した。多くの年代記作家は、エッツェリーノの極悪非道を、女性を遠ざけて子どもを作ろうとしなかったせいだ、と分析している。こうした肉欲と生殖に対する嫌悪にはカタリ派［一〇世紀なかばに現われた禁欲的なキリスト教の一派。異端と断じられて迫害の対象となる］に通じるところがあり、エッツェリーノがカタリ派に好意的だったことは否定できない。とはいえ、若いころに短期間とはいえ恋愛ざたがあったし、四回結婚している。ただし、妻たちがたどった運命は幸せとはほど遠かった。不思議なことに、いずれも表舞台から消えている。離縁された者もいるが、幸いにも離縁された、というべきであろう。フリードリヒ二世の婚外児であるセルヴァッジャでさえも悲運をまぬがれず、嫉妬に駆られた夫に殺された、と伝えられる。誹謗《ひぼう》者たちからありとあらゆる悪徳の主と決めつけられているエッツェリーノであるが、すくなくとも淫蕩《いんとう》にふけることはなかったと思われる。

女を遠ざけていただけでなく、男女関係なくすべての人間から距離を置いていたエッツェリーノは星に近づき、助言を求めることになる。彼の側近のうちには、当時もっとも有名だった占星術師数名がふくまれており、戦闘をはじめる前にはかならず彼らに相談した。しかし、人は運命をのがれようとすることで、かえって運命にのみこまれてしまうことが往々にしてある。フィレンツェのジョヴァンニ・ヴィッラーニをはじめとする複数の年代記作家によると、ある日のことエッツェリーノは一人の占星術師をよびだし、自分が何処《どこ》で死ぬのかをたずねた。答は「アッサーノで」だった。これをエッツェリーノは「バッサーノで」と聞き違えた。彼はこの日以降、自分がことに愛着をおぼえていた町であるバッサーノに足を一歩もふみいれなくなる。一二五九年、最後の戦いの舞台となる城の名前が「カッサーノ・ダッダ」だと聞いて、彼は突然恐怖に襲われた。自分は死ぬ運命にあるとの思いに囚《とら》われ、「あー！　アッサーノ、バッサーノ、カッサーノ！」とつぶやいた。

残虐行為の舞台

暴君は法治を実践しないので、暴力と恐怖で権力を維持するほかない。恐怖政治は、暴君の孤独が生み出す歪《ゆが》んだ結実である。暴君はすべての人間を警戒するようになるからだ。エッツェリーノは自分の権力の正当性を証明することも、自分に対する持続的な忠誠心を育《はぐく》むこともできなかったので、暴力の炸裂と残忍性のスペクタクルを統治手段とし、そのすさまじさが時間とともに増大し、エスカレートしたことに疑いの余地はない。一二三七年、パドヴァを攻略した直後に彼の敵が受けた仕打ち――追放、投獄、破壊――は、敗者を待っている通常の扱いに近かった。だが、やがて弾圧はその度を増し、なによりも性質が変わる…

二〇年後、エッツェリーノ三世に征服されたブレシアの住民は全員、残忍で盲目的な暴政の犠牲者となった。戦争捕虜は長い拷問のすえに惨殺され、妊婦たちは殺され、主として胸部を切りきざまれて変わりはてた姿にされた女、手足を切りきざまれた女もいた。エッツェリーノはとくに聖職者たちに憎しみを燃やし、生きたまま火あぶりにしたり、眼球をくりぬいてから局所を切断したりした。血と憤怒に酔いしれたエッツェリーノは、深い井戸を聖職者の睾丸で満たしてやる、と誓いを立てた…。以前はある程度抑制がきいていて、的《まと》をしぼっていた暴力は、箍《たが》がはずれて残虐となり、対象を選ばなくなった。転機は、一二五四年の破門に先立つ数年間のどこかで起きたようだ。パドヴァのある年代記作者は次のように書いている。「彼が武力、牢獄、拷問によって権力を行使しているパドヴァ、ヴェローナ、ヴィチェンツァでは、多くの人々が死んだ。死ななかった者も破産の憂き目を見て、物乞い同然となった」

このように極端に走ったとはいえ、すくなくとも一時期はエッツェリーノの暴力も一定の「合理性」を保っていた。残忍な仕打ちをスペクタクルとして見せつけることで、住民に強い印象をあたえ、恐怖を植えつけ、抵抗しようという意思を麻痺させるのが目的だった。ゆえに、拷問が重視された。「扱い」が厳しすぎて犠牲者があまりにも早く死んでしまうと、エッツェリーノは悔しがり、死体を切りきざませた。拷問をのがれるために脱走をはかった囚人は、足を切断された。たしかに、こうすれば二度と脱走を試みることはあるまい…。いくつもの年代記のなかで数多く伝えられている人体のおぞましい切断――鼻、舌、唇、耳、乳房、手、足、眼球、局所が切除された――は、犠牲者たちの身体に一生消えない痕跡を残した。こうしたおそろしい印しをきざまれた肉体は、恐怖を伝える媒体となった。身体は人間性を奪われ、物となったのだ。釈放された囚人の外見は、それだけでメッセージを伝え、恐怖をまきちらした。

その一方で、これを利用しようと試みる者もいたようだ。エッツェリーノからなにも危害も受けていない身障者や盲人がロンバルディア各地をめぐり歩き、「これはエッツェリーノ・ダ・ロマーノのしわざです！」と述べながら不自由な手足を披露し、喜捨《きしゃ》を乞うた。このことを知ったエッツェリーノはたいへんに面白がり、盲人、片脚や両足が不自由な者をはじめとする、労働に不向きな身障者はすべてヴェローナに集まるよう命じた。たっぷりと喜捨をはずむ、と約束して。数々の年代記の記述を信じるのであれば、すくなくとも三〇〇〇人がよびかけにこたえてヴェローナにやってきた。全員が一つの大きな建物に集められた。エッツェリーノは、おまえたちのうちに働くことができると思うものがいたら名のり出よ、と言った。だれも名のり出なかったので、エッツェリーノは建物を薪《まき》と藁《わら》で満たし、火をつけさせた。こうして、三〇〇〇人の物乞いが生きたまま焼き殺された。

こうした残忍性全開のもう一つの目的は、敵の完全な殲滅、根絶やしであった。男女の局所に執拗にくわえられた暴力は、生殖の可能性を完全に断つため、と解釈すべきだ。「人類の敵」と名ざしされたエッツェリーノは、まさに人が子孫を残すことをはばもうとしたのだ。彼は無数の子どもたちの死や身体損傷に責任があると非難されているが、こうした蛮行の目的は、家族全員を震えあがらせると同時に、次代の芽を摘みとり、子孫ができることをさまたげることだった。あるパドヴァの年代記作者は次のように怒りをこめて回想している。「その当時、民衆だけでなく、高貴な人や貴族の子どもたちに対して、同じようにおぞましく忌まわしいもう一つの犯罪が行なわれた。これらの子どもは、まずは眼球をくりぬかれ、光を失った目の傷がまだ癒えていないまま牢獄につながれているときに、今度は局所を斬り落とされた。彼らは去勢されたのだ。この子たちの名前はあげずにおくべきだと思う（…）もし名前をあげるとしたら、わたしは涙をこらえることができないだろう」

際限のない狂気へ

それなりに目的をもっていたエッツェリーノの蛮行は少しずつ逸脱し、殺すために殺す狂気の様相を呈するようになった。パドヴァが一二五六年に十字軍の手に落ちたとき、エッツェリーノは自軍で戦っていた何千人ものパドヴァ出身の兵士をヴェローナの円形劇場に集めて殺した、といわれている。パドヴァのもう一人の年代記作者によると、この頃のエッツェリーノは、血が流れるのや人体が切断されるのを目にしないまま数日がすぎると、飢餓や渇きに苦しんでいるかのように具合が悪くなった。より後世の年代記作家たちは、この証言をもとに、エッツェリーノは人間の血を飲んでいた、と述べているが、これは飛躍しすぎであろう。民衆伝承のなかのエッツェリーノは人食い鬼さながらであり、いざとなれば子どもも喜んで食べたであろうが、彼にとってのいちばんのごちそうは司祭たちの肉であった、と語り継がれている。

エッツェリーノ三世の伝記作者たちは、彼の敵のうちには、彼に負けぬほど奇っ怪な――現代人の目には荒唐無稽とさえ映る――人物がいた、と述べている。たとえば、パドヴァのロランディーノは、武器を隠しもってエッツェリーノに近づこうとして捕まった不審な人物について、次のように述べている。「この男は（拷問を受けたが）、自白することを望まなかった、というより、おそらくは自白することができなかった。彼はわれわれの言葉を話すことができなかったと思われるからだ。結局、この男からなにも引き出すことができなかったので生きたまま火あぶりにした。男は歓喜のうちに死を受け入れたようだった。これを見て一部の者は、こやつは海の彼方からやってきたアサシンにちがいない、送りこんだのは『山の老人』とよばれる人物だ、と考えた。『山の老人』は、暴君を殺すために世界中に特使を送りこんでいる。こうして世界中に放たれた刺客は可能であれば目的を果たすが、自分たちが仕える主人のために死を喜んで受け入れるならばすぐさま永遠の栄光に到達できる、と信じている」。つまり、聖地で多数の十字軍要人を殺害したことで悪名高いイスラム暗殺教団がエッツェリーノ三世暗殺をたくらんだ、ということになる。この教団がしとめたいちばんの大物といえば、一一九二年、エルサレム王に即位する直前に暗殺されたモンフェラート侯コンラート一世である。暗殺教団の噂は広まっていたので、欧州では——なかんずくイタリアでは——傑出した人物の不審な死はすべて、この教団のしわざとされていた…

神と人間の敵とされたエッツェリーノは、絶対的な悪の手本そのものとなった。悪魔でさえ彼の魂をほしがらなかったそうだ。エッツェリーノは悪魔に命じられ、自分の城の廃墟の周囲、無《む》辜《こ》の人々の血が流された場所を夜な夜なさまよいつづけることになった、といわれる。本人が死んでからまたたくまに旺盛な想像力の働きで話がふくらんだ。当地の伝承のなかでエッツェリーノはいまでも健在である。このような人物がひきずっている伝説となると、真実と嘘、事実と誇張を区別するのはむずかしい。とはいえ、際限のない盲目的な暴力へとエッツェリーノが決定的におちいったのは、破門が宣告され、十字軍がさしむけられる前の数年間であったといえよう。彼の狂気じみた暴力は、教皇を中心とした勢力が彼の排除を決めたほんとうの理由だったのだろうか？　それともエッツェリーノという危険な敵の排除を正当化するために、誇張された話が流布されたのだろうか？「真実」はおそらく、その中間にあるのだろう。確かなのは、エッツェリーノが採用した政治・軍事の手法は、前例がないほど血なまぐさく容赦のないものだったことだ。特記すべきは、彼が極度の暴力を統治システムそのものに押し上げたことだ。彼の弟の家族が惨殺されたことでわかるように、エッツェリーノの死とともに、こうした手法に幕が引かれたわけではない。エッツェリーノ三世・ダ・ロマーノはおそらく、君主が都市国家を支配する時代の先駆者というより、都市共和国（コムーネ）の時代に深く根ざした人物であった。彼は党派の首領として党派間の破壊的な闘争の野蛮性をきわめたのであり、安定した持続的統治を可能とする建設的なイニシアティブはなに一つとることができなかった。

ファビアン・フォジュロン

参考文献

CRACCO Giorgio (sous la direction de), *Nuovi Studi Ezzeliniani*, Rome, Istituto Storico Italiano per il Medio Evo, 1992.

CROUZET-PAVAN Élisabeth, *Enfers et paradis*, Paris, Albin Michel, 2001.

FASOLI Gina (sous la direction de), *Studi Ezzeliniani*, Rome, 1963.

RAPISARDA Mario, *La signoria di Ezzelino da Romano*, Udine, 1965.

RIPPE Gérard, *Padoue et son contado (Xe-XIIIe siècle). Société et pouvoirs*, Rome, École française de Rome, 2003.

5　ジル・ド・レ
子どもの血に飢えた元帥
（一四〇五頃―一四四〇）

ジャンヌ・ダルクの戦友であり、一四三〇年代のイングランドとの戦いで英雄となったジル・ド・レの人格には暗黒面があった。錬金術に関心を示し、黒魔術にも手を出し、強大な封建領主としての特権を利用して何十人もの子どもを誘拐し、陵辱《りょうじょく》し、拷問した。小児愛者、悪魔崇拝者であったジル・ド・レは、歴史上知られている最古のシリアルキラーの一人である。

ジルは一四〇五年ごろに誕生したが、当時のフランス王国はその歴史上もっとも暗い時期を迎えようとしていた。それまでは間歇《かんけつ》的に症状が軽くなることもあった国王のシャルル六世は完全に狂気の淵に沈み、有力な王族たちは権力争いに血道《ちみち》をあげ、イングランドの応援を求める者さえ出てきた…。一四一五年、イングランドの新国王ヘンリー五世はこれを好機とみて、ドーヴァー海峡を渡り、アルフルールを攻囲し、アザンクール近辺でフランス軍の精鋭を壊滅させた（アザンクールの戦い。これはフランス軍の歴史に残る大敗の一つである）。

ちょうどこのころ、ジルは両親を亡くした。祖父に引きとられたジルは、放任されて自由を謳歌《おうか》し、周囲の無政府状態をいいことに好き放題をした。一五歳になったかならないかで、親戚筋にあたるカトリーヌ・ド・トゥアールを誘拐し、秘密裏に結婚した。これは重大なスキャンダルとなった！　ジルはカトリーヌの家族から了承を得ていなかったし、近親結婚を禁じている教会に特免を求める手続きを無視したからだ。面倒な裏工作をへてこの結婚は一四二二年に公認された。相続のめぐりあわせや、持参財産たっぷりのカトリーヌとの結婚のおかげでジルは、ブルターニュ公領に属するレ男爵領（ヴァンデ地方のレ）を筆頭に、アンジュー地方やメーヌ地方そしてポワトゥー地方の数多くの封土からなる、広大な領地を支配下に置くこととなった。ジルが栄光のきわみにあったころ、領地からの年間収入は約三万リーヴルもあった。ジルはこの富を背景に、王族に比肩《ひけん》するとまではいえなくとも、その存在を無視することができない最上位の領主となった。

忠臣

折も折、フランスの君侯たちは旗幟《きし》を鮮明にする必要にせまられた。一四一九年よりノルマンディを支配下に置いていたイングランドがフランス併合にのりだそうとしていた。一四二〇年に締結されたトロワ条約は、シャルル六世の死後にフランス王国を受け継ぐのは、王太子シャルル（のちのフランス国王シャルル七世）ではなく、娘婿であるイングランド王ヘンリー五世である、と定めていた。王太子は相続権を奪われたのだ。ブルターニュ公をはじめ、多くの大領主や王族はフランス王家とイングランド王家のどちらにつくかで迷った。しかしロワール川流域の自領がイングランド勢によって脅かされていたジル・ド・レはごく早い時期から王太子シャルルの陣営を選び、決して裏切らなかった。一四二〇年代、アンジュー地方で倦むことなくイングランド軍と交戦したことで彼は名をあげた。二〇〇名の騎兵からなる部隊を自費で維持していたらしく、これは、大領主とはいえジルのような男爵の財力をはるかに超える出費を意味する。一四二七年、ブルターニュ公ジャン五世がイングランドと中立条約を結び、封臣たちに今後はイングランド軍を攻撃してはならない、と命令をくだしたとき、ジル・ド・レは従うことをきっぱりとこばみ、イングランド軍の侵略を押し返そうと以前にもまして励んだ。城を攻略すると、ジルは戦争法にもとづいてイングランド人は捕虜として扱い、身代金の支払いがあれば解放したが、フランス人戦闘員は売国奴として絞首台に送りこんだ。

忠臣のなかの忠臣であったジルは一四二五年に王太子から、年払い下賜金の受給をはじめて認められた。そして一四二九年二月、ロレーヌの若い女［ジャンヌ・ダルク］が神から託された使命を伝えようとシノン城に置かれた宮廷を訪れたときも、その場にいた…。このときにジルがなにを考え、なにを言ったかはいっさい伝わっていないが、四月にオルレアン防衛軍の指揮を託されたのは彼であった。彼はジャンヌ・ダルクとともにイングランド軍の要塞に攻撃をしかけ、華々しい武勲を立てた。それからの数か月間、ジルはロワール川添いの町の奪還に参加し、戴冠式のためにランスに向かう王太子の旅にも同行した。ジルは、サンレミ修道院からランス大聖堂まで聖油瓶を運ぶ役目を担った四人の男爵の一人であった。戴冠したばかりのシャルル七世は、その勇気と忠誠心に対する褒美として、ジルの所領であるラヴァルとシュリーの男爵領を伯領に格上げし、彼にフランス元帥の称号をあたえ、紋章にフランス王家の印であるフルール・ド・リス［菖蒲《あやめ》の意匠］をくわえることを許すという破格の恩恵を授けた。

ジャンヌがイングランド側に捕らえられると、オルレアンの私生児［ジャン・ド・デュノワ。シャルル六世の弟の婚外児であったために、このようによばれた。シャルル七世の従兄にあたる］、ラ・イールことエティエンヌ・ド・ヴィニョル、ジル・ド・レといったもっとも勇猛な武人たちはルーアンに攻撃をしかけてジャンヌを救い出す計画を練ったが実現せず、ジャンヌは見すてられた。とはいえ、ジルはイングランドとの戦いを継続しながらも、ジャンヌのことを忘れることがなかった。彼はおそらく、ジャンヌの活躍をたたえる長大な韻文戯曲（行数は二万以上！）『オルレアン攻囲の聖史劇』の上演に資金を提供した主要なパトロンの一人であった。ジルのジャンヌを懐かしむ気持ちは消えず、最晩年の一四三九年になっても、ジャンヌを詐称する女が現われると大興奮してお目どおりを許した。

元帥の失寵《しっちょう》

　しかしながらジル・ド・レはいつまでも続くこの戦いに嫌気がさしてきた。自腹を切って兵士たちの俸給を支払っていた——吝嗇《りんしょく》なシャルル七世はジルの出費を補填してくれなかった——ために財政が逼迫《ひっぱく》してきたからだ。彼の個人的な敵の一人であるアルチュール・ド・リシュモン大元帥がシャルル七世の寵臣として復活を果たした一四三三年以降、状況はさらに悪化した。これでジルが新たな年払い下賜金を取得できる可能性は消えさった。あいかわらず部隊をひきつれて戦闘にくわわっていたが、大がかりな軍事作戦にはもはやかかわらなくなった。

　なかば国王の寵を失った状態であったにもかかわらず、ジルは自分の財力をはるかに超えた、王侯のようなぜいたくな暮らしを続けていた。彼が養っている人の数は膨大で、何百人もの奉公人と居候《いそうろう》が、金離れのよい当主《とうしゅ》を臆面もなく食いものにしていた。音楽をこよなく愛していたジルは、三〇人ほどの聖職者と歌手を擁する立派な個人礼拝堂を維持し（同じころ、王族の個人礼拝堂でも専属の要員が一二人を超すことはまれだった）、大枚をはたいて美しい声をもつ子どもを探し求めた。そもそもジルは、金銭や物質的な些事《さじ》を心底《しんそこ》軽蔑している、との態度をとっていた。その結果、たった数年で、四一もの城や荘園、家具調度、タペストリー、美術工芸品などを売却せざるをえなくなった。だが売却代金だけでは焼け石に水であり、法外な利息で借金をするようになった。彼の家族は、遠くない先に、あれほど莫大だった財産はすべて消えさり、負債しか残らない、と悟ってぞっとした。そこで国王シャルル七世に願い出て、ジルを禁治産者とする宣告を一四三五年七月に出してもらった。「公知の浪費家」のレッテルを貼られたジルは、もはや城も土地も売ることができなくなり、それ以前の売却も無効とされた。

黒魔術と赤いインク

ジルが自分の財務状況を好転させようとして、カトリック教徒にふさわしくない手法を試しはじめたのは一四三〇年代初頭だと思われる。彼は、当時の人々が程度の差はあれ科学だとみなしていたうえに教会も明確には断罪していなかった錬金術に大きな期待をよせた。のちに裁判においてジルは、「活発な銀」――常温、常圧で液状のままである唯一の金属である水銀のこと。錬金術師たちは、その他の金属の生成にこの水銀が重要な役をはたしていると考えていた――を凍結させようと試みた、と素直に認めている。水銀を固めることは、卑金属を金に精錬するための第一歩であった。特段の科学知識をもたないジルは、当然ながらオカルト科学の専門家を雇い入れたが、失望を味わう。たとえば、本業は医師であるジャン・ド・ラ・リヴィエールという男は、ジルに夢のような成果を約束した。作業に必要な資金としてエキュ金貨二〇枚――莫大な額である――をジルから託されたこの者は、資材調達に出かけ…戻ってこなかった。これにもこりず、ジルはアンジェのとある旅籠《はたご》で、錬金術師を自称する金銀細工師にマール銀貨一枚をあたえたが…翌日の早朝、この者が酩酊して自室で人事不省となっているのが見つかった。ジルは怒り狂った！

錬金術はつまるところ近代化学の初歩的な母型であり、ジルの試みや挫折は深刻な結果を生むはずではなかった。問題は、同時代に錬金術に血道をあげた者すべてについてもいえることだが、ジルが錬金術に「儀式的魔術」をもちこんだことだった。「儀式的魔術」とは、神秘的な儀式や呪《まじな》いによって、悪魔をよびだして助けを乞う、というものだ［降魔術］。これはきわめて高尚な魔術であった。呪いの文句はギリシア語もしくはラテン語で記されていて、こうした古典語をマスターしている人間――一般的にいえば、この時代唯一の知識人である教会関係者ということになる！――しか読むことができないからだ。ジルはこうした降魔術を行なってくれる聖職者を何人か招聘《しょうへい》した。そのうちの一人、フランチェスコ・プレラーティは、錬金術と魔術に詳しいとのふれこみにひかれてジルが採用した、二〇歳くらいのイタリア人聖職者だった。ティフォージュ城でプレラーティは、黄金を作り出す、もしくは秘密の錬成方法を見つけるために地獄のすべての悪魔をよびだしてみせる、と豪語した。

プレラーティはサタン、ベルゼブブ、ベリアル、オリエンスといった第一級の悪魔をよびだすことはできなかったが、バロンという名の下級の悪霊が姿を現わした、といわれる。紫色のケープをまとった若い男性の姿をしたバロンは、プレラーティに多くのことを約束したらしい…だが、すべて空証文となる。そもそも、ジル自身は一度もバロンの姿を見ることができなかった。バロンの機嫌をとりむすぶため、ジルは雄鶏、雌鶏もしくは鳩を生け贄《いにえ》とすることを承諾したのみならず、契約書に自分の血で署名することも受け入れた。よきキリスト教徒として、自分の魂を売り渡すことは拒否したものの、無辜《むこ》の幼児を犠牲として捧げることは承知した。ある夜、ジルは一人の子どもの両眼、両手、血をグラスに入れて捧げた…だが確かな成果を得ることはなかった。

民間伝承によると、ジルは子どもの血をインクがわりにして秘密の本を執筆していた。本が完成すれば、戦闘で無敵となるはずだった…。結局のところ、錬金術も戦争もジルには高くついただけで、なにももたらしてくれなかった。

マシュクールの人食い鬼

子どもを生け贄《にえ》に捧げたことは、錬金術に望みをかけていたが忍耐心も資金もすり減らしたジルが犯した異常行為にすぎなかったかもしれないが、これが多数の犠牲者を出すおぞましい連続殺人のはじまりとなった。年代記作者たちも、戦場におけるジル・ド・レが戦友たちよりも残虐非道だった、とは書いていない（むろんのこと、当時の基準から見て、という話だ）。ジルの小児性愛やサディズムへの嗜好が芽生えたのは、戦場を放棄したのちであった。黒魔術はそのきっかけであり、インチキ臭い儀式に見切りをつけて、犯罪そのものに手を染めるようになった…

一四三二年、ジルは従者たちに子どもたちをつれてくるように命じた。ジルの求めに応じることは容易だった。戦争によって生活を破壊された何千もの家族が路頭に迷っていた当時、数えきれぬほどの子どもがわずかな食物を乞うために、ジルが所有する城（シャントセ城、ティフォージュ城、マシュクール城）を訪れていたからである。その数はたいそう多かったので、かわいらしい子どもを選り好みする余裕すらあった。ジルには、ご主人様の希望をかなえるためならなんでもする覚悟の忠実な従者、アンリエ・グリアール、エティエンヌ・コリヨー（通称ポワトゥー）がいたのにくわえ、ティフェーヌ・ブランシュやペリーヌ・マルタン（通称ラ・メフレ）という二人の女も子どもの「供給」を手伝った。誘拐された子どもたちは貧しかった、もしくは孤児であったため、彼らが行方不明となってもだれも気づかなかった。親が存命であったとしても、貧民であったので、ジルのような殿様に抗議することなど不可能であった。

誘拐された子どもたちはジル・ド・レの私室につれていかれ、彼の欲望の犠牲となった。エティエンヌ・コリヨーの告白を信じるとするならば、ジルは男児や女児の腹や腿に勃起した性器をこすりつけて興奮をたかめ、その後に陵辱《りょうじょく》した。しかし彼が最大の快楽を得たのは、犠牲者を怖がらせ、拷問するときであった。しばられてつり下げられた子どもに、ジルは「痛い目にもあわせたり、傷つけたりするつもりはない。それどころか、いっしょに楽しいことをするためにこうしているのだ」とやさしげに話しかけ、「（子どもが）叫び声を上げないように」なだめることを面白がった。その後、ゆっくりと死にいたらしめることで歓びを味わった。子どもたちは、喉をかき切られる、首を斬り落とされる、棍棒で四肢の骨を折られる、短剣で腹を切り裂かれる、といった酷《むご》い目にあった。ジルがとくに好んだのは、瀕死の、もしくはすでに息絶えた子どもを陵辱することだった。多くの場合、彼は犠牲者の首の静脈を切開してから、おぞましい楽しみにふけった。ときには、「子どもの腹の上に座って、だんだんと衰弱して死にゆくようすを、顔を斜めに傾けて眺めることに深い歓びを感じた」。死体の首は斬り落とされた。ジルはしばらくのあいだ、何人もの犠牲者の頭部を手もとに置き、かわいらしさを比べて賞翫《しょうがん》し、喜んで接吻さえした。

ジル・ド・レは正真正銘のシリアルキラーと化し、自分が求める性的快楽を得る唯一の手段として、禍々《まがまが》しい手順を作り上げたようだ。新たな子どもの供給がとぎれると、自分の礼拝堂の聖歌隊の少年たちを相手に淫乱にふけった。ただし、彼らを拷問するようなことはなかった（素性のわからぬ子ども相手とは違い、彼らを殺した場合、隠すのはむずかしかったろう）。

欲望が満たされると、ジルは子どもたちの死体の処理にさっそくとりかかり、衣服とともに自室の大きな暖炉で焼いた。遺灰は下水と城の壕にすてた。シャントセにおいては、数多い犠牲者の遺体を土に埋めるだけでよしとしていたが、ブルターニュ公に城を引き渡すことを余儀なくされたので、遺体をこっそりとマシュクール城に運ばせて焼却した。ジルの犯罪を手伝った配下の者たちの証言によると、シャントセ城の犠牲者約四〇名にくわえ、マシュクール城では約三〇名、ティフォージュ城では数名、ジルが市中に館を所有していたナントでは約一五名が殺された。裁判では、約一四〇人の子どもがジルの手にかかった、といわれたが、真偽が不確かな噂以外にこの数字を裏づける証拠はない。ジル自身は、犠牲者が何人であるかは把握していない、と告白している。数が多すぎたからだ…

司直の手が伸びる

だが、レの殿様のお楽しみは長く続かなかった。一四四〇年の聖霊降臨節の日曜、ジルは自分が売却したばかりのサン＝テティエンヌ＝ド＝メール＝モルトの荘園を実力行使でとりもどすことにした。ジルは手はじめに、武装した一団をひきつれてミサがとりおこなわれている最中のサン＝テティエンヌ＝ド＝メール＝モルト教会に乱入し、司祭をならず者よばわりし、手にしたギザルム（鉤付きの槍）で殺すぞとおどした。この非常識な所業がジルの破滅を早めた。当の司祭はブルターニュ公に近い人物であったため、同公としてもこのような無礼に目をつぶるわけにはいかなかった。ジルの犯罪や怪しげな魔術にかんする噂が広まってからすでにかなりの時間がたっていたこともあり、衆人環視のなかで起きた今回の瀆聖《とくせい》行為は、ブルターニュ公国の司法と教会の司法にとって正式に捜査を開始するまたとない口実となった。

ジルの身辺調査は一四四〇年夏にはじまり、内容が矛盾しない証言が何十も集まった。レの殿様が所有する城の近辺で子どもたちが行方不明となるのを多くの人が見聞きしていた。小姓にしてやるといわれ、ジルの従者に息子を託した、という親もいた。息子が貧しい境遇から抜け出すすばらしいチャンス、と喜んだ親は後悔することになる…。不可解な失踪が数えきれぬほど多く起きていたことが判明し、人々はジルを名ざしで非難していた。事前調査でこれだけの証拠が得られたことに意を強くしたナント司教、ジャン・ド・マレストロワは、司教区の聖職者たちに回状を送り、事件について知らせるのは自分の義務だと感じた。回状は「（ジル・ド・レは）無辜《むこ》の子ども複数を非人間的な手法で殺し、喉を切り裂き、虐殺し、彼らを相手に唾棄すべきおぞましいソドミー［自然に反する性行動］を、多様かつ前代未聞の背徳行為をともなって犯した。どのような背徳行為であるかは、そのあさましさゆえにいまの時点で説明することはできないが、適切な時期に適切な場所でラテン語を用いて明らかにされるであろう」と述べている。貞潔な聖職者にとって聞くにたえない事柄《ことがら》も、ラテン語であるなら口に出すことが可能、ということか…。司教はまた、ジル・ド・レは悪魔をよびだして契約を結んだ、とも指摘した。

司教の告発状の内容がきわめて深刻だったので、ブルターニュ公ジャン五世は一四四〇年九月一五日にジル・ド・レと四人の共犯者、そして子どもの供給を担っていた二人の女を逮捕させた。共犯者はほかにもいたのだが、利口にも、捕縛の手が伸びる前に姿を消した。ナントで二つの裁判が開かれることになった。一つは、君主への裏切りと子ども殺害の罪を問うブルターニュ公国の世俗裁判であり、もう一つは、司教を裁判長として異端と降魔術の罪を審理する宗教裁判である。

一〇月一三日、何人かの証人尋問をへて、ジルを前にして四九項目にもわたる長さの起訴状が読み上げられた。この公開裁判の傍聴人たちは、ジルが犯したとされる陵辱をともなう殺人や降魔術の詳細を知って、身の毛がよだった。ジル本人は、審問官たちの質問に封建時代の大領主ならではの高慢な態度で応じ、侮辱の言葉を吐いて、彼らを「シモニアック（聖職売買者、すなわち堕落した聖職者）」、「ならず者」とよんだ。「このような聖職者、このような裁判官の面前で答えたり、出頭したりするくらいなら、絞首刑になったほうがましだ」とさえ述べた。罵詈雑言に怒り心頭に発した聖職者たちは、ただちにジルを破門した。あれほどおぞましい罪を犯したにもかかわらず、あくまで敬虔なカトリック教徒であったジルは、これに強い衝撃を受けた。

審理は二日後に再開した。尊大なところが跡形《あとかた》もなくなったジルは、涜聖の罪の赦しを請うた。ついに裁判官らの権威を受け入れ、ひざまずいて破門を解いてほしいと乞い願い、これを許された。その一方で、自分に問われているすべての罪のうち、錬金術に惹《ひ》かれていたことだけを認め、降魔術の実践は否定した。厳しく非難されるようなことはなに一つしていない、と主張したことになる。だが、このような論法で窮地を切りぬけられる、と考えるのは甘かった。おそらく拷問によってだろうが、ジルに盲目的に従っていた手下のうちの四人――アンリエ・グリアール、エティエンヌ・コリヨー、フランチェスコ・プレラーティ、ウスターシュ・ブランシェ――、そして子どもの調達係をつとめた二人の女が自白したからだ。

罪をいっさい認めようとしない姿勢をくずさないジルは、拷問にかけるとおどされた。これにはジルも動揺した。一〇月二一日、ジルは拷問ではなく、全面的な自白――子どもたちの殺害、淫行、黒魔術など――を選んだ。彼の自白のどれをとっても火あぶりに値した。しかしジルは、人目もはばからぬ滂沱《ぼうだ》の涙とうめき声をともなって悔悟の念を表明した。ジルは異端とソドミーと殺人を犯したと認定され、共犯者二人（アンリエ・グリアールとエティエンヌ・コリヨー）とともに公開で絞首刑にされたのち、遺体が焼かれることとなった。しかし、処刑前に教会は彼の悔悛を真実と認め、聖別された墓地への埋葬を許す、と決めた「ジルの遺体は焼かれるのではなく、「炎で舐《な》められた」だけとなった」。

一四四〇年一〇月二六日、演出のセンスをもっていた――これまでもたびたび発揮してきたのは見てのとおりだ！――ジルは、自分の死を見事なスペクタクルに仕立て上げ、大向《おおむ》こうをうならせた。処刑台の前でひざまずき、声も高らかに「（わたしを）憐《あわ》れんでください」と神に祈り、大勢の見物人たちに向かって、「（皆さんにとって）キリスト教徒の兄弟であった」自分のために祈ってほしい、とよびかけた。堂々とした最期、といえなくもない…

青髭《あおひげ》伝説

ジル・ド・レが犯したとされるおぞましい所業があまりにも数多いので、本当なのだろうかという疑問がわいてくるのは致し方ない。一四世紀初めのテンプル騎士団裁判や、ジルの裁判と同時代のジャンヌ・ダルク裁判（一四三一年）のように、政治的意図によって仕組まれたいくつかの裁判や、一五世紀の裁判史を彩る降魔術関連の事件と類似点があるからだ。拷問にかければ、もしくは拷問にかけるとおどせば、お望みどおりの自白を引き出すことができる時代であった。ジルの場合、下級悪魔バロンの出現にしろ、子どもたちに対する犯罪のきわめつきの嗜虐性にしろ、糾弾されている内容の多くは芝居がかっていて怪しげだ。物的証拠は皆無に等しい。調査官たちは、血に染まった子どものシャツを一枚発見したが、死体はひとつも見つからなかった（すべての遺体は焼却された、と説明された）。

だからといって、ジル・ド・レ裁判のすべてを疑問視することができるのだろうか？　答は否《いな》だ。ジルと共犯者たちは犠牲者複数名の名前を覚えていたし、裁判官たちの前で泣きながら証言した親たちが自分の子どもの失踪話をでっち上げたわけでもない。そもそも、ジルを裁判にかけてだれの得になるのか？　破産していたうえに失寵《しっちょう》の憂き目にあっていたジルは、ブルターニュ公にとってもフランス国王にとっても脅威でもなんでもなかった。それどころか、彼に問われた罪科は、彼が仕えたすべての者の威信を傷つけた。そうなると、ジルを異端裁判の犠牲者に祀《まつ》りあげることくらいしか考えられないが、裁判でナント司教の補佐をつとめた異端審問官がジルを激しく糾弾することはいっさいなかったし、これを好機と魔女狩りにのりだすこともなかった。ジルの主要な降魔術師であったフランチェスコ・プレラーティにいたっては、火あぶりの刑をまぬがれている！

ジル・ド・レは、その性的嗜好――小児性愛とサディズム――ゆえに、たんなる犯罪者とも魔法使いともみなされなかった。中世の人々が考えるどのようなカテゴリーにも入らない、絶対的怪物とみなされたのだ。これこそ、ジルの忌《い》まわしい思い出が、ブルターニュやヴァンデ地方を中心としたフランス西部に長年にわたって継承された理由だろう。好奇心が強すぎる妻を殺すペロー童話の青髭《あおひげ》とは異なる、「ナントの青髭」として。

ローラン・ヴィシエール

参考文献

BOSSARD Eugène (abbé), *Gilles de Rais, maréchal de France, dit Barbe Bleue*, Paris, Honoré Champion, 1885 ; réédition : Paris, Jérôme Millon, 1992.

CAZACU Matei, *Gilles de Rais*, Paris, Tallandier, coll. «Texto», 2012.

HEERS Jacques, *Gilles de Rais*, Paris, Perrin, 1994, rééd. 2005.

6 ヴラド三世
串刺し公
（一四三〇頃―一四七六）

ヴラド三世ドラキュラ公は、一五世紀なかばのワラキア公国の君主であった。玉座を守るため、彼は戦いに明けくれた。おもな敵は侵略者であるオスマンであった。残忍で暴力的、無慈悲であったヴラドは同時代人に名状しがたい恐怖をあたえた。そして死後も語り継がれたドラキュラ公伝説があまりにも強烈であったため、同公は作家ブラム・ストーカーによって吸血鬼のモデルに選ばれた。

ヴラドの出自は、ドナウ川の北、現ルーマニアの小さな公国ワラキアに君臨していた旧家、バサラブ一族である。一五世紀のワラキア公国は、殺伐としているどころか、むしろ繁栄していたが、非常に不安定であった。モルダヴィアやトランシルヴァニアの隣国も同様であるが、ワラキアの正教徒君主（ヴォイヴォダ）は、カトリック教徒であるハンガリー国王とオスマン帝国のスルタンの圧力を受け、自主的な政治を遂行する手段を欠いていた。ハンガリー国王には封臣として臣従していたし、スルタンには年貢を支払っていた。ヨーロッパ侵略を狙っているオスマン勢に対してハンガリーは執拗な抵抗でこたえていたので、ワラキア君主は二つの勢力の板ばさみとなり、風向きしだいで一方を裏切り他方になびいていた。ハンガリー国王とオスマン帝国のスルタンだけでなく、神聖ローマ皇帝までもがワラキアのどっちつかずの態度にいらだちをつのらせ、ことあるごとに干渉し、自分たちの命令に従順に従う傀儡《かいらい》を君主の座につけようとした。こうしてすでにかなり手足をしばられていたワラキアの歴代ヴォイヴォダは、自分たちの自治権や特権をなにがなんでも守ろうとする貴族（中世ロシアやスラヴ諸国ではボヤールとよばれた）やブルジョワと妥協することも余儀なくされていた。ようするに、この国を治めることは地雷原の上を歩くようなものだった…

将来の串刺公が誕生したとき（一四三〇年ごろ）、父親のヴラド二世は隣国のトランシルヴァニアで亡命生活を送っていて、ワラキア君主の座を占めていたのは親戚筋にあたるダン二世であった。東奔西走して策略を練ったヴラド二世は、当時はローマ王［ドイツ王ともよばれる］かつボヘミア王であったルクセンブルク家のシギスムント（のちの神聖ローマ皇帝）と昵懇《じっこん》になることに成功した。シギスムントはヴラド二世がワラキア君主の座につくのを助けるだけでなく、彼をドラゴン騎士団と聖ラディスラウス騎士団の団員に叙任することになる。これはたいへんな名誉であり、ヴラドはドラクル（ドラゴン）の添え名を、息子たちはドラキュラ（ドラクルの息子）の添え名を得ることになる［本来はDraculyaもしくはDraculeaと表記してドラクレヤと発音するようであるが、ここでは混乱を避けるために広く普及している呼称、ドラキュラを採用する］。こうして高貴な騎士団に由来するがゆえに肯定的なイメージであったドラキュラはその後、悪魔的な色あいをおびることになる…。話を戻すと、シギスムントのうしろだてのおかげでヴラド二世は公位を奪うための行動を開始し、混沌とした長い戦いのすえに目的を達した（一四三六年）。しかし、オスマン帝国とハンガリー王国の熾烈な敵対関係を背景として、ワラキア公国が自主自立を維持することは困難をきわめた。一四四四年、オスマン帝国はヴラド二世をよびだし、卑怯にも拘束した。ヴラド二世は二人の息子、ヴラドとラドゥを人質として残すことを条件に、ようやく解放された。これが父子の永久《とわ》の別れとなる。三年後、ハンガリーの攻撃を受けたヴラド二世は敗北し、長男とともに殺された。ハンガリーは、バサラブ一族の別の家系に属するヴラディスラフ二世を――ヴラド二世よりは信用できるのでは、と期待して――ワラキア公の座につけた。

父親を失ったヴラドとラドゥは子ども時代をスルタンの宮廷ですごした。ワラキアの幼い公子たちの境遇は快適とはほど遠く、彼らの命も風前の灯火であった。とはいえ、オスマン帝国の言語だけでなく制度や風習になじむ時間はたっぷりあったし、どちらかといえば二人はこの異国暮らしにうまく適応することができた。たいへんな美少年であったラドゥはメフメト二世［第七代スルタン］にたいそう気に入られて、寵童となる…［ヴラドがオスマンに激しい憎しみをいだくようになるのは、捕囚時代に彼も性的虐待を受けたためではないか、と推測する研究者もいる」。その一方、ヴラド・ドラキュラは、強大かつ血なまぐさいオスマン帝国をつぶさに観察して感嘆した。スルタンは臣下に対して絶対的権力をふるい、自分に異を唱える者を残忍非道な手法で懲らしめた。とくに残酷な刑は、すぐに死んでしまうことがないように気をつけながら死刑囚の体に杭をとおす串刺し刑であった。ヴラドは後年、これを思い出すことになる！　そうこうしているうちに、ヴラドの出番がめぐってきたと思われた。一四四八年、オスマン帝国はハンガリーとその同盟国であるワラキアに手痛い敗北を舐《な》めさせた。これによって生じた混乱を利用して、スルタンは若いヴラドを故国に送り返すことにした。ヴラドは、ワラキア公国の不満分子を自分のもとに結集し、公位についた。しかし、ヴラドはスルタンのまわし者とみられていた——実際にそうであった——ので、ヴラディスラフ二世は約二か月後、ヴラドを追いはらって公位を奪還することができた。

だが、敗者となったヴラド・ドラキュラはスルタンのもとに戻らなかった。オスマン人を知りつくしているだけに、彼らのことが大嫌いだったからだ。隣のモルダヴィアやトランシルヴァニアの公国で彼は数年間、外交活動に励んだ。二〇年前に父親が行なったのと同じように。暗い時代であった。一四五三年、コンスタンティノープルを征服したメフメト二世は、大軍をヨーロッパに送りこむ準備を進めていた。いまやハンガリー王家と緊密な関係を結んでいたドラキュラは、ワラキアで捲《けん》土《ど》重来《ちょうらい》をはかってライバルであるヴラディスラフ二世を追いはらうだけの力

郵便はがき

料金受取人払郵便

新宿局承認

1993

差出有効期限
2021年9月
30日まで

切手をはら
ずにお出し
下さい

160-8791

343

（受取人）
東京都新宿区
新宿一－二五－一三

原書房

読者係 行

1608791343 7

図書注文書（当社刊行物のご注文にご利用下さい）

書　　名	本体価格	申込数
		部
		部
		部

お名前　　　注文日　　年　　月　　日

ご連絡先電話番号　□自　宅　（　　　）
（必ずご記入ください）　□勤務先　（　　　）

ご指定書店（地区　　　）（お買つけの書店名をご記入下さい）　帳

書店名　　書店（　　　店）　合

5851

「悪」が変えた世界史 上

ヴィクトル・バタジオン 編

愛読者カード

＊より良い出版の参考のために、以下のアンケートにご協力をお願いします。＊但し、今後あなたの個人情報(住所・氏名・電話・メールなど)を使って、原書房のご案内などを送って欲しくないという方は、右の□に×印を付けてください。 □

フリガナ

お名前 男・女（ 歳）

ご住所 〒 -

市 町
郡 村

TEL （ ）
e-mail @

ご職業 1 会社員 2 自営業 3 公務員 4 教育関係
5 学生 6 主婦 7 その他（ ）

お買い求めのポイント

1 テーマに興味があった 2 内容がおもしろそうだった
3 タイトル 4 表紙デザイン 5 著者 6 帯の文句
7 広告を見て（新聞名・雑誌名 ）
8 書評を読んで（新聞名・雑誌名 ）
9 その他（ ）

お好きな本のジャンル

1 ミステリー・エンターテインメント
2 その他の小説・エッセイ 3 ノンフィクション
4 人文・歴史 その他（5 天声人語 6 軍事 7 ）

ご購読新聞雑誌

本書への感想、また読んでみたい作家、テーマなどございましたらお聞かせください。

がついた、と感じた。今回、ボヤール（貴族）たちは彼を大歓迎し、ヴラディスラフ二世を暗殺し、君主交替にまつわる面倒を減らしてくれた（一四五六年）。この年の六月、ハレー彗星がヨーロッパの空を横切って大きな注目を集めた。ドラキュラはこれに幸運の予兆を読みとり、即位後にはじめて鋳造させた貨幣の裏面にハレー彗星を描かせた。

串刺し公

ヴラド三世の名で統治をはじめた新ワラキア公は、まだ二六もしくは二七歳の若さであった。ある同時代人は、ヴラド三世はどちらかといえば短軀《たんく》であったが、「非常に頑丈で力強い。残忍で獰猛な雰囲気。高い鷲鼻、ふくらんだ鼻孔。顔の肌は薄くてやや赤色をおびている。かっと見開いた緑色の目は、非常に長い睫《まつげ》に囲まれている。黒くてたっぷりとした眉のせいで、目はいかにもおそろしげだ。口髭を残して、きれいに剃り上げた顔と顎《あご》…。雄牛を思わせる太い首が、どっしりしたうなじと黒い巻き毛がたれさがっている広い肩とをつないでいる」と形容している。印象的な描写であり、今日アンブラス城（チロル）に保管されている同公の肖像画にかなり合致する。

正教会の総主教（カトリック教会の大司教に相当）によって聖別され、ボヤールたちから喝采されると、若きヴラド公は公式に統治をはじめることになったが、過去のしきたりを断ちきることになる。ただし、「断ちきる」対象はしきたりにとどまらない…。というのも、彼はだれとも権力を分かちあうことなく、無慈悲に君臨するつもりだった。メフメト二世の宮廷でたっぷりと学んだヴラドは、さほど時間がたたないうちに残忍性にかんして師をしのぐことになる。

ドラキュラは、自分の権力がきわめて脆弱であり、ダン三世（ヴラディスラフ二世の弟）をはじめとする者たちが公位を狙っている、と承知していた。しかも、移り気なボヤールの多くが、すでにダン三世に好意をよせていた。新君主は問題を、これ以上ないほど手早くかたづけた。一四五九年の復活祭、彼はトゥルゴヴィシュテ［ワラキア公国の首都］の宮殿で大規模な宴会を催し、自国の主だった貴族を招いた。ヴラドは酒と料理をたっぷりとふるまったのちに、たえまない意見の不一致によって公国の営みに害毒をおよぼしている、と言って貴族たちを非難し、ゆえに全員を串刺し刑に処す、と宣言した。伝説によると、この日に一挙に五〇〇人が処刑された。こうして幸先のよいスタートを切ったヴラドには、これで打ち止めにするつもりなどなかった。多少とも不遜《ふそん》な族長たちを始末するだけではなく、女子ども——赤ん坊も例外ではない——もふくめて彼らの一族全員をかたづけた。将来、仇討ちを考える者が出てきては面倒なので、可能性をいまのうちからつぶしておくためだ。翌年、すなわち一四六〇年にヴラドは、攻撃をしかけてきたダン三世のちっぽけな軍を殲滅《せんめつ》した。そして、捕虜全員を女ともども——母親である場合は子どもを胸にくくりつけた状態で——串刺しするように命じた。ダン三世には、自分の墓穴を掘るよう命じ、その前で死者の祈りを唱えさせた。そしてヴラド自身がダンの首を斬り落とした。トランシルヴァニアでは、ドイツ人入植者によって築かれた町がダン三世を支援していたので、ヴラドは討伐遠征を行ない、まれに見る残虐な罰をくわえた。堅牢な要塞で守られているシビウやブラショヴを攻囲することはせず、周囲の村々を残らず焼きはらい、捕らえた農民を串刺しにした杭を林立させた。この遠征の最中に、ヴラドはならんだ杭のすぐそばにテーブルを運ばせ、グラスを片手に、瀕死の者や死者の姿を賞翫《しょうがん》しながら食事を楽しんだ、といわれている。

ヴラドはまた、大半が正教徒であるワラキアでこれまで大目にみられていたカトリック教会とも衝突した。ヴラドがカトリック司祭や托鉢修道会修道士を迫害したのはおそらく、隣の大国ハンガリーと内通しているのではとの疑いがカトリック教会につきまとっていたからであろう。言い伝えによると、ある日のこと、二人のシトー派修道士を尋問していたヴラドは堪忍袋の緒を切らした。ヴラドが「お二人は、できるだけ早く永遠の王国に行くことを願っておられるのかな?」とたずねると、「仰《おお》せのとおりです、陛下。それが主《しゅ》の思し召しであるなら、熱望いたします」との答えが返ってきた。それならよろしい、とヴラドは二人を串刺しにした。二人の望みをかなえてやった、と自分の「善行」をたたえながら。この修道士らの驢馬《ろば》が暴れまわって大騒ぎしたのに気分を害したヴラドは、天国でご主人様たちと再会できるようにと、これも串刺しにするよう命じた。また、ある修道士が串刺し刑のおぞましさを非難したのに対しては、ヴラドはだれもまねできないブラックユーモアをこめて「おまえ自身の串刺しについて、好きなだけ講釈をたれるがよい。余はおまえを急《せ》かしたりしないから」と答えた。修道士は串刺しにされたが、頭を下にしてのアクロバティックなバージョンが適用された。この杭は修道院の戸口の前に立てられたので、不幸な修道士の仲間たちは口をつつしむことを学んだ。

自分に忠誠をつくす親衛隊に囲まれたドラキュラ公は、こうして恐怖を手段にワラキアに君臨した。そして、めったやたらに串刺しにしたことで、ツェペシュ（串刺しにする者）というおそろしい添え名を獲得した。

オスマン人より残忍

オスマン帝国を筆頭とする外国との関係でいえば、国内とは事情がまったく異なり、ヴラド三世もひとかどの君主として認めてもらえずに難儀《なんぎ》した。一四五六年、公位についたばかりのヴラドは、オスマン帝国が要求する法外な年貢——ドゥカート金貨一万枚——を支払うことを余儀なくされた。しかも、コンスタンティノープルに自分で届けに行かねばならなかった。しかし、一四五八年にメフメト二世がセルビア征服をめざす攻撃的政策を再開したために、バルカン全体に戦火が広がると、ドラキュラ公はオスマン帝国とヨーロッパ諸国のどちらの陣営につくかを選ぶ必要にせまられた。進軍するオスマン帝国軍が道すがら、ルーマニアのある町を掠奪したことが、ヴラドの背中を押した。このような犯罪に目をつぶるわけにはいかない。五〇〇〇人の兵士をしたがえたヴラドは、略奪品と捕囚のせいで歩みが遅くなったオスマン軍がドナウ川に引き返してくるのを辛抱強く待ち、奇襲攻撃をかけた。彼は侵略者を大量に殺し、捕囚を解放した。むろんのことだが、これ以降、ヴラドはオスマン帝国に年貢を払うことをやめた。彼にとって幸いなことに、ほかに優先事項があったメフメト二世はただちに反応を示すことをさしひかえた。とはいえ、ドラキュラは早急に信頼できる同盟者を確保する必要があった。ゆえに、当然のこととしてハンガリーとの接近をはかった。

一四六一年、ハンガリーの新王、マーチャーシュ一世［ラテン語での呼称はマティアス・コルヴィヌス］は、婚姻によって両国の絆を固めることをヴラドに提案した。各地にスパイ網を張っていたメフメト二世は、この計画を知って懸念をいだいた。そこで、ワラキアとの関係を正常化するためにヴラドのもとに使節団を送りこみ、未払の年貢三年分、およびワラキアの少年五〇〇人を要求した（オスマン帝国は、服従させた国々から少年をつれてこさせ、強制的に狂信的なイスラム教徒に仕立て上げ、エリート軍団であるイエニチェリ［オスマン帝国の常備歩兵軍団］の要員としていた）。この要求は、オスマン帝国の属国ではないワラキアにとって法外なものだった。メフメト二世はまた、ヴラドみずからがコンスタンティノープルに貢《みつ》ぎ物を届けることを求めた。ヴラドは受諾したものの、これがわなであることをたちまち見ぬいた。ヴラドは配下とともに状況をひっくり返し、オスマン帝国の二人の外交官と四〇人ほどの随行員を拘束した。そして、彼らの手と足を切断してから串刺し刑に処した。だが、これだけではヴラドの怒りはおさまらなかった。

真冬だというのに、ヴラドは自軍を率いて凍ったドナウ川を渡り、オスマン帝国領を侵攻してつき進んだ。そしてドナウ川沿いの約八〇〇キロにわたり、通り道のすべてを焼きはらうという破滅的な猛襲をかけた。出くわしたオスマン人を全員殺しただけでなく、キリスト教徒も容赦せず、年齢や性別を考慮することもなかった。同時に多くのオスマン人や住民を生け捕りにした。ハンガリー王にあてた書簡のなかでヴラドは「家とともに焼け死んだ者は別として」、二万三八八三人を殺した、と豪語している。この数は、斬り落とされた頭部を自陣に運ばせて勘《かん》定《じょう》した結果であった。一世紀前からアッラーの名においてバルカンを蹂躙《じゅうりん》していたオスマン帝国は、自分たちも同じ目にあうとは思ってもみなかったので強い衝撃を受けた。メフメト二世は怒りのあまり窒息しそうになった。あのような極小公国の君主が、世界最強の帝国に挑むとは！そのわけは、ヴラドがハンガリー王マーチャーシュ一世の支援をあてにしていたからだ。おそらくは、今回の自分の遠征によって、数年前から大いに話題になっている十字軍派遣が早まる、と期待していたのであろう。しかしハンガリー王はほかに戦線を開いていてヴラド支援には手がまわらなかった。ゆえに、春が訪れると、ヴラドはたった一人でオスマン帝国の報復に立ち向かわねばならぬ、と悟った。

六月初め、「ワラキアを破壊する」と心に誓ったメフメト二世は、六―八万の兵士を率いてドナウ川を渡った。ヴラドのほうは、一種の総動員令を発布して待ちかまえていた。一二歳以上の男子はすべて軍にくわわり、老人や女子どもは国内の山や深い森に隠れることになった。ヴラドの軍勢は侵略軍のそれと比べてはるかに少人数であったが、彼は敵の戦法を熟知していた。彼は陣形を整えての正面からのぶつかりあいを避け、ゲリラ戦法で敵軍を悩ます手法を選んだ。

一四六二年六月の一七日から一八日にかけての夜、オスマン軍が無防備に眠りをむさぼっているときに、ヴラドは騎兵隊の先頭に立って敵の野営地を急襲した［ヴラドは日中にオスマン人に変装して敵陣にまぎれこみ偵察した、といわれる。オスマン語を流暢に話すヴラドにとってむずかしいことではなかったろう］。松明《たいまつ》の光に照らされてのこの攻撃に敵軍はあわてふためいた。スルタンも、もう少しで殺されるところだった［ヴラドは日中の偵察で、メフメト二世のテントがどこにあるか把握していたので攻撃をかけたのだが、たまたまメフメト二世は不在であった］。それでもオスマン軍がなんとか陣容を整えると、ワラキア軍は夜陰に乗じて逃走した。しかし、これはオスマン軍にとって重大な警告となり、それからというもの、進軍はきわめて慎重に行なわれるようになり、休止のたびに防衛体制が万全な陣地を築くことになった。ついにワラキアの首都トゥルゴヴィシュテが視界に入る地点に到達したとき、メフメト二世の注意を引いたのは城壁に囲まれた町そのものではなかった。スルタンの軍が進む道は、串刺しの森のなかを通っていた。長さ三キロ、幅一キロにわたり、串刺しで果てた何千人もの死体が林立していたのだ［串刺しにされたのは、冬のオスマン領内侵攻のさいに生け捕りにしたオスマン人］。オスマン帝国のある年代記作家は次のように記した。「およそ二〇〇〇〇人の男、女、子どもが長い杭に串刺しにされていた、といわれる。オスマン兵にとって、そしてスルタンその人にとっても、すさまじい光景であった！　スルタンさえも茫然自失し、これほどのことをしでかす男はこんな小さな公国に似つかわしくない、と舌を巻いた。そしてほかのオスマン人たちは、串刺しにされた大勢の者の姿を見ておそれおののいた。母親にくくりつけられたままで串刺しにされた幼い子どももおり、彼らの裂けた胸郭のなかで鳥が営巣していた」と記した。当時、残虐行為のチャンピオンとして名をはせていたオスマンの戦士たちを恐怖におとしいれるとは、生半可《なまはんか》な手柄《てがら》ではない。今回ばかりは、彼らも震えあがった。進軍から脱落した者や、孤立した兵士たちがワラキアの暗い森のなかで、見えない敵に襲われて姿を消す事例が後を絶たなかっただけに。ヴラドは心理戦にも長《た》けていたのだ。スルタンは引き上げどきだと判断した。戦利品は少なく、自軍の損耗は多大だった。七月初旬、たった一か月の軍事作戦のすえ、オスマン軍はドナウ川をふたたび越えた。この栄光なき退却によって、スルタンはますます気分がふさいだ。

それでも、メフメト二世は道を引き返す前にとっておきの切り札を投げつけておいた。ワラキアに、自分の寵臣であり、ヴラド三世の弟でもあるラドゥ美男公を残しておいたのだ。ラドゥは、兄のかくもおそろしい暴政に不満をいだく者をなんなく結集することができた。とくに、オスマンとの和平を約束したことが効果を上げた。戦乱で荒廃し、厭戦気分が高まっていたワラキアにおいて、これは説得力のある論法だった。新たな内戦がワラキアを焼きつくすかと思われたとき、ハンガリー王マーチャーシュ一世が仲介役をつとめると申し出た。一四六二年一一月、マーチャーシュ一世は、自分の身内の女性をヴラド三世に嫁《とつ》がせた。これはたいへんな名誉といえるだろうが、わなであった。ハンガリー王はこの機に乗じて、封臣であるヴラドの自由を奪った。軟禁状態で楽しい新婚生活を送ってもらうことにしたのだ。

忌《い》まわしき君侯

オスマン帝国に対する十字軍の結成をだれよりも熱心に唱えていたマーチャーシュ一世はなぜ、たった一人でオスマン軍の侵略をはねのけたばかりのヴラドを監禁、幽閉したのであろうか？　今日でも、理由は明らかになっていない。何はともあれ、マーチャーシュ一世はできるかぎり早急に、バルカンで何が起こっているのかさっぱりわからない教皇、神聖ローマ皇帝、欧州世論――バルカンを理解できないのは、わたしたち現代人がはじめてではないのだ！――に対して、ヴラドを嵌《は》めた自分の策略を正当化しなければならなかった。マーチャーシュは、ヴラドを助けてオスマン帝国と戦うため、との口実でローマ教皇から莫大な額の支援金をせしめていただけに…。一四六三年から「ヴォイヴォダ・ドラキュラの物語」が流布したのはおそらく、ハンガリー宮廷のイニシアティブによるものだったのだろう。この「物語」はヴラド攻撃文書にほかならず、整合性も時系列も無視してヴラドのおぞましい悪行を列挙している。ここで描かれているヴラド三世は凶暴な狂人であり、全人類を憎んで殺戮したいという思いにとらわれている。だれかれの区別なく（そして理由もなく）、イスラム教徒もキリスト教徒も、俗人も聖職者も、男も女も、子どもさえも串刺しにしたのだから。そしてなによりも、串刺しにあくことのない歓びをおぼえたのだから。印刷され、木版画のイラストまでそえられたこの手の誹謗文書の第一号は、ドイツ語で出版された。たいへんなベストセラーとなったようだ。数多くの複本が作られ、一五世紀の終わりまで版が重ねられ、ロシア語版まで発行された（一四八六年ごろ）。

　ミヒャエル・ベハイムという名のドイツ人ミンストレル［諸侯の宮廷を遍歴する詩人、音楽家］はこのドラキュラのテーマに飛びつき、おどろおどろしい詩を作った。「この地上で、そして広大な蒼穹のもとで、この世のはじまりから今にいたるまでに存在した、わたしが知っているかぎりのすべての狂人、すべての暴君のうち、これ以上の悪人はいない…その名はドラキュラ・ヴァイヴォダである」といった具合だ。ベハイムによると、ドラキュラが実践したのは串刺しだけではない。犠牲者の歯や手足を引きぬき、生きたまま火あぶりに、もしくは釜ゆでにする、生皮を剥《は》ぐ、頭に釘を打ちつける等々の残虐行為を命じた。また、乳児の首を刎ね、その頭部を、あらかじめ乳房を切りとった母親の胸の上に置くよう命じることもあった。人は金持ちにしか金を貸さないといわれるが、なるほど、すでに悪評を立てられていたヴラドは、ありとあらゆる罪科を押しつけられたようだ。精神錯乱じみた凶行を描写するこうした文書はおそらく、実在したドラキュラ公が実際に行なったことというよりも、著者たちの空想力の産物なのであろう。こうした話が幅広く流布したために、血なまぐさい君主は、正真正銘の悪の権化に祀《まつ》りあげられ、その黒い伝説はいまでも命脈《めいみゃく》を保っている。

　ただし興味深いことに、ドラキュラ公の政治生命は一四六二年に終わったのではない。一五年のあいだ、失墜したドラキュラ公は妻や息子たちとハンガリーで暮らした。無為に苦しみ、暇つぶしに動物をいたぶった。彼に会ったことがある司教ガブリエーレ・ランコーニによると、「彼は鼠を捕まえて切りきざみ、かつて人間を串刺していたように、木ぎれの端につき刺していた」。

一四七六年、マーチャーシュ一世からオスマン帝国とふたたび戦うチャンスをあたえられたドラキュラ公は、ボスニアで軍事作戦を指揮し、栄光だけでなく血にもまみれた。またもオスマン人を串刺しにしたからである（恐怖をあたえるためであった）。この手柄を背景として、当時ワラキア公国に君臨していたバサラブ三世を追い出して公位に返り咲いた。しかし、バサラブ三世はスルタンの支援を得て反撃に出た。ドラキュラは一四七六年一二月末、戦死した。その状況ははっきりしない。オスマン帝国の優美な慣習にしたがい、ドラキュラの首級《しゅきゅう》――正確にいえば、剥《は》いだ頭部の皮膚に綿をつめたもの――はメフメト二世のもとに送られ、皇帝宮殿の壁に飾られた。

これで串刺し公ヴラド三世の波瀾万丈の政治生命は決定的に終わった。彼の敵は、ドラキュラ公は食事の最中に人間の血に手をひたすことを好んだ、と主張した（ただし、血を飲んだ、とまでは言っていない）。ドラキュラ公はただの人間ではないのではとおそれる向きがあるなら、死後に彼の首は斬り落とされたと知って安心してほしい。いくら血が大好きな怪物であっても、胴体と頭部を切り離してしまえば、墓場から出張《でば》って生者を脅かす心配は皆無だからだ…

ローラン・ヴィシエール

参考文献

CAZACU Matei, *Dracula*, Paris, Tallandier, coll. «Texto», 2011.
CAZACU Matei, *L'Histoire du prince Dracula en Europe centrale et orientale (XVe siècle)*, Genève, Droz, 1988.

7 ボルジア家のアレクサンデル六世
不品行をきわめた教皇

（一四三一―一五〇三）

頭がよく気前がよいルネサンスの教皇たち、ピウス二世ピッコロミニ、ユリウス二世デッラ・ローヴェレ、そしてのちのウルバヌス八世バルベリーニは、ヴァチカン宮で君主のようにふるまい、みずからの野望のさまたげと見れば、カトリック教会の掟を無視することすらあった。それでも歴史において恥さらしと告発された教皇は、カタルーニャ人ロドリーゴ・ボルジアただひとりであり、一四九二年の教皇選出から一五〇三年の死にいたるまで、アレクサンデル六世として「悪徳」教皇のあらゆる特徴を一身に集めたのである。

一五〇三年八月五日の午後遅く、新たに枢機卿に選出されたアドリアーノ・カステレージ・ダ・コルネトは不安をおぼえていた。その夜、ヴァチカンからほど近いジャニコロの丘にある瀟《しょう》洒《しゃ》な自邸に、高貴な、だが油断ならぬ隣人、教皇アレクサンデル六世ボルジアの行幸があると知ったからである。コルネトは大金持ちで、大金を払って枢機卿の地位を買っていたから、教皇庁はその資産状況を完全に掌握していた。宴にはアレクサンデルの〝右腕〟で、汚れ仕事を一手に引き受けている息子チェーザレも同行し、ワインを持参するとの知らせがあった。

貴重品のワインはすぐに届けられた。宴には教皇とチェーザレのほか、フランチェスコ・レモリネス枢機卿、侍従長ピエトロ・カラファ（のちの教皇）、尚璽《しょうじ》院長（教皇の側近くに仕える高官）ファン・オルテガ・ゴミエル、そしてヴァチカンの警備隊長など、いずれおとらぬ教皇庁のお偉方が随行した。教皇持参のワインが盛大にふるまわれ、教皇と主人コルネトのため、おかかえの料理人が腕をふるった評判の料理、美味しい詰めもの入りのパイが供された。

ところが宴は一瞬にして暗転する。居あわせた人々が苦痛に身もだえし、痙攣と激しいほてりに襲われたのだ。血の気が失せ、なかば気を失った教皇を運びださなければならなかった。程度の差はあれ、コルネトもふくめた全員が倒れた。見た目にもっとも重症なのは尚璽院長と警備隊長で、二人も急遽、ヴァチカンへ搬送された。チェーザレ、コルネト、カラファの三人はひどく震えていたが、見たところ症状は軽く、その場で治療がほどこされた。許可されてもいないのに、この奇妙な宴の料理を味見した不運な肉切り分け長、料理人、ほかにも数人の使用人がおかしくなった。ただ一人、レモリネスだけは見たところ重篤な症状をしめさず、まずまずぶじであった。

ヴァチカンでは医師たちが急遽、大量の瀉血《しゃけつ》を教皇にほどこした。もちろん効果があるはずもなく、それでも医師たちは容赦なく連日、無意味な瀉血をくりかえした。アレクサンデル六世はみるみる衰弱し、苦しみ悶《もだ》えた。八月二六日から二七日にかけての夜、警備隊長の容体が急変して死亡、オルテガもそれに続いた。氷の風呂に浸かったコルネトなど、ほかの人々は〝高熱〟からなんとか立ちなおった。ひどく皮膚がただれたものの、彼らの病状はおおむね快方に向かった。

一方で「聖父」アレクサンデルは死へと向かっていた。一八日夜、ヴァチカンの居室で最後のミサにあずかり、病床には五名の枢機卿のみがつきそった。ミサが終わるやいなや、熱にうなされる教皇は終油の秘跡を望んだ。枢機卿たちが退出すると、ベッドの上に座らされた教皇に、側近中の側近であるガンボア司教が聖油を授けた。アレクサンデル六世は呼吸ができず、うめき声をあげた。使用人たちは恐怖のあまり出ていってしまい、残されたのは尚璽官とガンボア、そして教皇の馬の世話をする馬丁だけだった。彼らが見守るなか、教皇は午後七時ごろ息を引きとった。

公式の死因は脳梗塞だったが、ローマで流行していたマラリアが原因で、ほかの人々を襲ったのもこの疫病だとされた。だがこの説を信じる者はいない。ローマ教皇の死因はあきらかに血栓ではなかったし、マラリアにかんしても、その症状や発熱の「周期性」はローマ人ならだれもが知っていたからである。残るは毒殺のみだ。ましてボルジア家の白い粉、すなわちカンタレッラ（酢酸鉛ともいわれる）が、ワインに混ぜて政敵の抹殺に使われていたことは有名だった。それにしても、宴の客全員が等しく被害を受けたことを、どう考えればよいのだろう。

真相はいまだ明らかにはなっておらず、研究者も慎重な姿勢をとっている。最近では、ドイツの歴史家ヨーゼフ・シュニッツァーが「論理的」な説明を試みている。つまり暗殺計画は一つではなく二つあり、いわば「刺し違え」だったというのだ。教皇を襲ったのはコルネトの出したパイ料理で、毒はその一部にしこまれていて、共犯の料理人がそれを教皇と主人のあいだにうまく配膳したという。それ以外の人々をみまったのは教皇が持参したワイン（あるいはこれを薄めるための水）で、当然それにはカンタレッラが混ざっていたとされる。では動機は何なのか。教皇にとっては枢機卿の財産（とその宮殿）の魅力、そしてコルネトにとっては教皇の急な訪問に対する（当然すぎる）不安、そして〝予防的な〟正当防衛だったという。コルネトの出世の道がこの事件で大きくそこなわれることはなく、ほとぼりが冷めるまで、教会から派遣されたかつての任地イングランドに戻って手腕を発揮した。そして一五一七年、教皇レオ一〇世の殺害をくわだてたとして枢機卿の座を剥奪された。一万五〇〇〇ドゥカートを支払って赦免されたものの、一五二一年末、ローマへ向かう途中で使用人に殺害された。

それはともかく、一五〇三年八月一八日の夕刻に時計を戻そう。同じ「病」に倒れたチェーザレは、父の死を知るやいなや教皇の居住区を完全に封鎖させた。腹心のコレッラが教皇の遺体のある部屋の隣室に急行し、目につく銀食器すべてと金貨のつまった箱二つをもちさった。絨毯の下に巧みに隠されたアレクサンデル個人の財宝だけは切れ者コレッラの目をのがれたが、価値のありそうなものはすべて運びさられた。残されたのは壁かけとローマ教皇の二つの玉座だけだった。めぼしい戦利品がすべて運び出されたことを確認すると、チェーザレはようやく教皇居室の扉を開き、弔問客を招き入れるよう命じた。

　葬儀は二四時間以内に行なう決まりになっていた。遺体は洗浄され、略奪をまぬがれた残りの祭服を着せられ、遺体安置台に乗せられてオウムの間に運ばれた。通夜は行なわれず、よばれた枢機卿たちはだれも姿を見せず、アレクサンデル六世は二本の松明の光のもと、一人で夜をすごした。翌日、遺体は枢機卿が一人も出席しない寂しい葬列に送られてサン・ピエトロへと運ばれ、主祭壇の手すりの後ろの棺台に安置された。遺体は驚くべき速さでふくれあがり、黒ずみ、崩壊していった。ぽっかりとあいた口からは巨大な舌がたれさがった。ヴァチカンは恐怖に包まれた。悪魔が猿の姿をして教皇の魂を奪いにきたと証言する者もあった。アレクサンデルが「今まいります、わかっていいます、でも少しお待ちください」と、悪魔に懇願するのを聞いたという者も現われた。一九日、ふくれあがった遺体はむりやり棺に押しこまれ、サンタ・マリア・デッラ・フェッブレ教会の礼拝堂の壁に、さしたる儀式もなしに埋葬された。

ボルジア家はローマ進出に成功したのか？

　教皇の死にいたる経過をたどってみよう。絶大な影響力をふるったこのローマ教皇は、クリストファー・コロンブスが長旅に出発して一週間後の一四九二年八月一一日という、西欧の歴史にとってきわめて重大な時期に教皇に選出された。一四九四年六月六日、有名なトルデシリャス条約によってブラジルをポルトガルに、ラテンアメリカの残りを母国スペインにあたえ、新世界の分割所有に道を開いた責任は、この教皇にあるというべきだろう。

アレクサンデル六世は生粋のカタルーニャ人で、一三世紀末にボルハを離れ、レコンキスタ［キリスト教国によるイベリア半島の再征服］によって解放されたバレンシア近郊のシャティバに移住した家系に属している。野心的なこの一族は、数世代のうちにアラゴン王の側近にまでのぼりつめ、一族最初の教皇、カリストゥス三世をサン・ピエトロの玉座にのぼらせた。一流の外交官だったカリストゥスは、ナポリを支配するアラゴン王国とヴァチカンを和解させることに成功し、のちに「スペイン人のローマ」とよばれる時代を開いた。この間、多くのスペイン人が教皇庁に入り、それまで地位を独占してきたローマ人の反感をかった。ローマ人の気持ちよりオスマンの脅威を気にする教皇のもとでは、何ごとも平穏にはおさまらなかった。そして教皇の死とともに、強力な隣国ナポリ王国から押しつけられたカタルーニャ出身の高位聖職者たちを、ローマ人は容赦なく母国へと追い返した。

そのなかでも一人ローマに居残ったのは、カリストゥスの甥で、教皇庁ですでに重きをなしていたロドリーゴ・ボルハ（一四三一九年、教皇マルティヌス五世の勅令によりボルジアと改名）だった。伯父の教皇はロドリーゴをボローニャに送って法律を学ばせ、枢機卿に任命し、二五歳でヴァチカンで教皇に次ぐ地位、教皇庁財務部副院長に登用した。一四五八年に伯父カリストゥスが亡くなったときも、なぜかロドリーゴは同胞のスペイン人たちと同じ運命をたどることなく、むしろ伯父の後継者であるピウス二世、パウロ二世、シクストゥス四世からスペインやイタリアの司教座や修道院をあたえられ、ついには人もうらやむ枢機卿団の議長（主席枢機卿）に選ばれた。ローマでの評価は高く、外交官、法律家、官吏としての資質が高く評価されていた。くわえて副院長という地位ゆえに、利権を分配したり、大修道院からの収入をばらまいたりすることもできた。こうしたことには神経を使うものだが、ロドリーゴは驚くほどの用心深さをもってやってのけた。そしてそれと同じ慎重さで、ミラノ、ヴェネツィア、フィレンツェといった油断のならない隣国をけん制しつつ、ヨーロッパの主だった宮廷との関係をとり結んだ。

数々の栄誉を手にしつつも——その実力はだれもが認めていた——唯一の欠点は私生活がかなり複雑で、目にあまるものだったことだ。このことは一四六〇年六月、ピウス二世ピッコロミニが彼に送った譴責《けんせき》の書簡から知ることができる。あまたの愛人がいて、だれがだれやら見分けがつかないほどだった。後世まで名前が伝わっているのは、教皇庁の官吏三人と次々に結婚したヴァノッツァ・カタネイと、出会ったときまだ一五歳だった麗しのジュリア・ファルネーゼの二人だけである。子どもの数は不明だが、すくなくとも七人いたとされる。ヴァノッツァ・カタネイとの子どもはわかっているだけで四人いて、チェーザレ、フアン、ルクレツィア、ホフレが有名である。ほかの子どもは「母親不明」だが、これは当時としてはさして非難されることではなかった。ピウス二世ピッコロミニに二人の娘がいたことは公然の秘密であり、少しのちのユリウス二世デッラ・ローヴェレには三人の娘がいた。しかしヴァチカンのなかや周辺で、こうした「家庭」生活を堂々と送ることで、アレクサンデルは従来のタブーを破り、世俗の王侯さながらにふるまった。

　ボルジア家は新興の成りあがりで、にわか貴族であるから、血筋を誇ることもできず、名門一族のように政略結婚で生き残りをはかるわけにもいかなかった。ではこれほど子どもが多かったのは、性欲を抑えきれなかったからではなく、先を見すえた戦略があってのことだったのだろうか。つまりロドリーゴは「王朝的」な結婚によって、政治的な同盟を堅固なものとし、必要不可欠な人脈を築こうとしたのだろうか。あるいはこの教皇が、たんに情熱家だったというだけだったのだろうか。最後の愛人、美しく若いジュリア・ファルネーゼに宛てた有名な手紙を見るとい い。フランス軍が侵攻してきたとき、罪深くも夫のもとに行こうとしたジュリアを、教皇は「恩知らずで不実（ingrata e perfida）」とよんでいる。そして彼女が自分の落ち度を認めようとしないと、教皇は「破門」という、教皇だけに許された究極の武器で彼女をおどした。つまり裏切られた老人の繰り言のなかに、カトリックの教義においてもっとも重い罰をもちだしたのである。

　こうした私生活でのもめごとがあっても、一四九二年の教皇選出をいささかもさまたげることはなかった。そのため六一歳のロドリーゴは、恥ずかしげもなく聖職を売りさばく人物との評判を得ることになる。つまりカトリック倫理において最大の罪とされるシモニー（聖職売買）と断罪されたのである。教皇選挙での多数派工作にあたって、ロドリーゴは四〇年も副院長という要職についていたことから、カトリック教会における最高のポストを約束することができた。まずはミラノ人のアスカニオ・スフォルツァ枢機卿から（必要な一五票のうち）八票を買いとる。ロドリーゴは見返りとして、選出されたあかつきにはアスカニオをみずからの後任として国務院副院長にすえると約束し、さらにアスカニオのとりまきたちのためにも司教や修道院長のポストを用意した。これにくわえてカタルーニャ人枢機卿たちの票、そしてヴェネツィア人の大御所、ゲラルド枢機卿（九五歳）の票をくわえれば一五票となる。これだけでも十分なのだが、残りの八人の枢機卿も選出を助けたため、ロドリーゴは表向き、非の打ちどころのない全会一致の支持を受けることになった。

教皇選挙に腐敗はつきものであり、フランス王シャルル八世なども、結果的に敗れさることになる親フランス派のジュリアーノ・デッラ・ローヴェレを勝たせるため、枢機卿たちの買収にかなりの資金をつぎこんでいた。しかしロドリーゴ・ボルジアの策略はその上をいく悪辣なものだった。勝つために、よりによって教会の財産を公然と使ったのであるから。あってはならないことだ、などと彼は思わない。「ビジネスはビジネス」［拝金主義を風刺したミルボーの戯曲］なのだ。ロドリーゴの性癖、策略、裏工作などは各国大使の知るところとなり、本国に報告されて、ヨーロッパ全体にこのスペイン人教皇の奇怪なイメージが広まることになった。

教皇の罪状リスト

不運な死をとげたこの教皇は、生前から大いなる侮辱の対象になっていた。一四九二年以降には、彼のことを「マッラーノ（キリスト教に改宗したふりをしているユダヤ人）」とよぶ冊子が出まわった。「マッラーノ」とは、ローマ人がスペイン人共同体に対してしばしば使っていた蔑称である。しかし彼の治世をじかに見聞きした人々の見方はもっと複雑で、ロドリーゴが教皇となってからは、まったくちぐはぐで矛盾に満ちたものとなっている。一例として、彼の同時代人であるフィレンツェの歴史家グイチャルディーニは、こう語っている。「なみはずれた繊細さと聡明さをもち、見識にすぐれ、驚くほど説得力があり、どんな重要問題にもおそろしく熱心かつ巧みに対処する。ところがこれらの美徳も悪徳にははるかにおよばない。品性卑しく、誠意も羞恥心もなく、正直さも信仰もなく、あくなき貪欲、はてしなき野心、野蛮人のような残忍さをもつ」。一方で、最大の政敵たちでさえも彼の信仰心を認めていたし、彼がカトリック教会、ことに財政の建てなおしに熱心だったこと、またオスマン帝国の脅威をおそれ、十字軍の派遣をくりかえしくわだてたことも確かだった。ただしその政治手法ゆえに一四九四年、のちの教皇ジュリアーノ・デッラ・ローヴェレをはじめとする政敵たちから、あやうく「退位」させられそうになってもいる。その罪状としてあげられたのは、聖職売買、異端、放蕩、殺人、近親相姦といった罪…それは先立つこと数十年、「アヴィニョンの対立教皇」たち［一三七八―一四一七年、ローマとアヴィニョンに教皇がならび立ち、カトリック教会が分裂した］に対して浴びせられたのと同じ、典型的な非難だった。

聖職売買（シモニー）にかんしていえば、ロドリーゴの教皇選出を支えたのが、カトリック教会内の地位や聖職禄を新たにふり分けるとの約束にあったことはまちがいない。そして選出後も、地位や利権をばらまくことで人々の忠誠心を勝ちとることができた。選出後、一年もたたないうちに子どもたちは全員、しかるべき場所に送りこまれた。一三歳のホフレは、カラブリア公アルフォンソの庶子でナポリ王フェランテの孫にあたるサンチャと結婚。ガンディア公フアンはただちにスペインへ旅立ち、貴族マリア・エンリケスと結婚した。九月二〇日には、チェーザレが一八歳で枢機卿となる。愛人ジュリアの兄アレッサンドロ・ファルネーゼは、一四九三年九月二〇日に二五歳でサン＝コジモとサン＝ダミアーノの助祭枢機卿となった。一族の思惑は、以下の有名な警句に集約されている。

アレクサンデルは天国の鍵と祭壇とキリストを売る。
もとより買ったものだから、売る権利もあろうというものだ。

では異端の嫌疑についてはどうだろうか。じつをいえば、アレクサンデル六世はボヘミア、モラヴィア、ロンバルディアなどにおける異端との戦いの急先鋒だった。聖アンナと聖母マリア信仰にだれより熱心で、一五〇二年、「無原罪の御宿り」「マリアは母アンナの胎内に宿ったときから原罪をまぬがれていたとするカトリック教義」にかんする教皇勅書をシクストゥス四世に発布させたほどだ。そして聖母マリアの聖地を訪れる人々には贖宥状［カトリック教会が発行した罪の償いを軽減する証明書］をあたえた。たしかに、ヴァチカン宮の「ボルジアの間」にはピントゥリッキオの異教的フレスコ画が飾られていた。四枚の壁画にオシリス［エジプト神話の冥界の王］の暗殺と遺体の切断、敬虔な妻イシスがオシリスのために立てた墓、オシリスの復活、そして最後にその勝利が描かれている。装飾画のテーマは、「ボルジア」の名がラテン語のbos（牛）から来ていること（実際は誤解）にちなんだもので、オシリスの生まれ変わりである聖牛が描かれている。当時、この見事な黄金の牛に違和感をいだく人々がいたのである。むろん、古代の神話をキリスト教的に解釈するのは、オウィディウスを隠れクリスチャンとみなす中世の『寓意オウィディウス』［古代ローマの詩人オウィディウスによる古代神話集成『変身物語』をフランス語で翻案した作品。当時のユマニストに多大な影響をあたえた］の伝統に立ったもので、ほとんどだれも驚かないものだったのではあるが…

放蕩についてはどうだろう。一五〇一年一〇月三一日の不祥事の噂は、全ヨーロッパに広まった。スキャンダルのニュースは、例にもれずジョヴァンニ・ブルカルド［アルザス出身。ドイツ名ではヨハネス・ブルクハルト］から伝わった。ほかならぬアレクサンデル六世の式部官だったブルカルドは、「リベル・ノタルム」と称する日記をとおして、ヴァチカンのゴシップを細大もらさず記録していた。そのなかには、チェーザレがヴァチカン内の居室に父と妹を招いて開いた宴会のことが記されている。第一にスキャンダラスだったのは、儀式空間に入ることを許されないはずの女性たちが招かれていたことだ。高級娼婦たちが踊り、全裸になり、投げつけられた栗を腹ばいでひろったという。その夜のハイライトは、性的倒錯を競いあわせることで、髪飾りや絹の上着が賞金としてあたえられたという。

もちろん、この記述がどこまで真実であり、どこまで式部官の想像の産物なのかを立証するのはむずかしいが、その一部は外交文書に記された内容とも合致しており、欧州の王侯のアレクサンデル六世に対する一般的な見方を反映しているといえる。事実、批判はそれだけにとどまらず、一四九三年に教皇が娘のルクレツィアの最初の結婚を記念して開いた祝宴は、世俗的、あるいは異教的でさえあるといわれ、強く批判された。ユマニスト（人文主義者）の年代記作家ステファノ・インフェッスーラは、ボルジア家と対立する有力貴族コロンナ家に雇われていたが、宴席では「どの枢機卿も」隣に「若い女性をはべらせて」おり、「淫らな喜劇や悲劇が演じられた」と述べている。

殺人についてはどうだろう。ボルジア家はこの道に長けていたとされ、父と息子で方法が異なっていただけである。息子は剣、父は毒を使った。伝説が混じっているにしても、息子チェーザレが人殺しをまったくためらわなかったことは確かだ。義弟であるアラゴン王アルフォンソ、妹の情人ペロット［アレクサンデル六世の侍従］を殺したことは確かであり、実弟ガンディア公フアンを手にかけたのもおそらくチェーザレであろうとされている。一方、父親のアレクサンデル六世の場合、真相はそれほど明らかではない。ヴェネツィア大使ジュスティニアーニによれば、枢機卿たちに富をたくわえさせたあげく、殺して財産を没収するのがロドリーゴのやり口だったという。そのために用いたのが謎の白い粉、カンタレッラであり、すくなくとも二人の枢機卿にこの毒が盛られたとされる。一五〇三年四月にヴェネツィア人の枢機卿ジョヴァンニ・ミケーレ、同年二月にローマの名門オルシーニ家のジャンバッティスタが命を落としている。一四九五年二月、ナポリで失踪したオスマン帝国のスルタン・バヤズィト二世の弟、ジェムの失踪にもかかわっていたとされる。もちろん証拠は不十分だが、いずれの場合も、殺害によって利益を得るのがアレクサンデルであったことは否定できない。

最後に近親相姦の疑惑だが、ボルジア一族にそんな噂がささやかれるようになったのはルクレツィアの離婚後のことで、噂の出所は別れた夫、ペサロ領主ジョヴァンニ・スフォルツァである。実質的な結婚生活がなかったという離婚理由に納得できなかったジョヴァンニは、「生来の虚弱体質で不感症」などとは認めたくなかったのだろう。教皇がこのように自分を辱めるのは、娘を自分のものにしたいからだろうとジョヴァンニは推しはかった。そもそもボルジア家も脇が甘かった。ルクレツィアと教皇のスペイン人侍従ペロット（ペドロ）のあいだに生まれ、インファンテ・ローマーノ（ローマの子）とよばれたジョヴァンニの誕生から三年後の一五〇一年、教皇はこの子の収入を保証するため、二つの勅書を続けざまに発行している。最初の勅書は、この子をチェーザレと匿名の未婚女性のあいだの嫡出子とするものだった。第二の勅書は秘密文書で、教皇自身がジョヴァンニを息子と認めるもので、これによってジョヴァンニにネピ公領の正当な所有権が保証された。見通しが甘かったのだろうか。それとも特権階級の狭い世界では無用な用心かもしれないが、第一の勅書が万が一無効となったときのことを考えて、念のために第二の勅書をしたためたのだろうか。いずれにせよ、二つの勅書はまもなく外部に知られるようになり、近親相姦の噂はローマ、さらにはキリスト教世界全体に電光石火の速さで広まった。

歴史の審判

不品行、そして殺人もふくめて、ボルジア家が罪深かったからこそ、彼らを絵に描いたような怪物に仕立て上げる宣伝工作が成功したことも確かだ。よそ者であるボルジア家がのし上がるには、長年にわたって教皇庁を支配してきた権力者、オルシーニ一門やコロンナ一門を追い落とさなければならなかった。アレクサンデルをムハンマドの再来――しかも、初代に輪をかけて悪辣な二代目――と描いた文書の出所が、一五〇一年に教皇によってラツィオ地方の要塞を奪われたコロンナ家だったのも当然のことだった。またナポリ王国宮廷のユマニストたち――たとえば先王フェデリコの顧問だったサンナザーロや宰相ポンターノら――も、ボルジア家への激しい敵意を練達のエピグラム（寸鉄詩）に託した。そしてそうした敵意は、ローマのナヴォーナ広場近くにある大理石像「パスクィーノ」に貼り出された風刺文に、さらにはヴェネツィアやフィレンツェの大使館へと伝染していったのだ。

そう考えると、アレクサンデル六世はほんとうに常軌を逸した犯罪者だったのだろうか。「ルネサンス」の時代、教皇には道徳的教導を行なうことがさほど求められていなかった。教皇の最大の役割は正統教義の守護者として、たえず教会の権威を脅かそうとする世俗権力に立ち向かうことだった。カトリックの聖職者には「清貧の誓い」が求められるが、これは教皇庁のように、世界中に威光をおよぼすイメージの誇示を務めとする組織には無縁の話である。教皇は教会の君主であり、当時のように混乱した時代であれば、地上におけるゆるぎない存在でなければならなかった。教皇選出に先立つ教皇座空位の一週間に、麗しのローマで過去に二〇〇件もの〝公式の〟暗殺が報告されていることをアレクサンデルは知る。教皇庁の最高位にのぼりつめようとしているロドリーゴ・ボルジアは、反ボルジア勢力のいるローマでどんな危機が待っているかを、だれよりも熟知していたのだ。行動をためらわせるような良心の呵責など、いっさいよせつけない覚悟で彼は君主の座に着いたのだ。めざしたのは教会の権威を地上にゆるぎなくうちたてることであり、その点は認めるべきだろう。ただしその手段は、許されないものだった…

ジャン＝イヴ・ボリオー

参考文献

CLOULAS Ivan, *César Borgia*, Paris, Tallandier, 2005.
DAL BELLO Mario, *I Borgia, La leggenda nera*, Rome, Città Nuova Editrice, 2012.
LE THIEC Guy, *Les Borgia, Enquête historique*, Paris, Tallandier, 2011.

8 イヴァン雷帝
鉄のツァーリ
（一五三〇―一五八四）

イヴァン四世は、引き裂かれた心をもつ人物だった。彼は自分が悪をなしていることを意識して、だれにうながされずともこれを悔いたが、悪を行なうことで得られる喜びのほうが悔恨の情よりも強かった。葛藤に苦しみ、精神的に不安定でもあったが、国家元首として偉業をなしとげた。添え名となっているグローズヌイ［日本語では雷帝と訳されている］は、ロシア語で「畏敬の念を吹きこむ者」を意味する。癇癪《かんしゃく》もちの孤児だったイヴァンは成人すると、国内外の敵を打ち負かす能力の持ち主であることを示した。彼はモスクワ大公がロシア全土に君臨する正当性を確固たるものとし、ロシアが帝国として支配圏を拡張する方向性を明確にした。

モスクワの大公宮殿。七歳になったばかりの、眉目秀麗《びもくしゅうれい》とはほど遠い少年が、テラスから自分が投げ落とした犬の断末魔を眺めていた。体のあちらこちらが骨折した犬はあえぎながら、おそろしい苦痛のうちに死のうとしていた。だれも助けようとしなかった。生女神福音大聖堂からほど近いここはクレムリン宮殿に出入りする人々の通り道であったが、足を止める者はいなかった。軍人、聖職者、秘書官のだれもがやるべきことをたくさんかかえていたし、問題の少年イヴァンは、大公の肩書きの持ち主だった。大公のお気に入りの遊びに口出しするのは得策ではない。

混沌とした摂政時代において、大人たちは勢力争いで忙しすぎたし、彼らが政敵にあたえる苦しみは幼い大公の動物虐めよりも残忍である、といえないこともなかった。

それから数年たった一五四三年の末、思春期を迎えたばかりのイヴァンははじめての殺人を犯す。今回、犬はすばらしい役柄をあたえられた。猟犬係の叫び声に興奮を高めた猟犬の一団が通りのただなかで、宴席から退出したばかりのアンドレイ・シュイスキーを襲った。犠牲者の叫び声、血に染まった雪、カチカチと音を立てるボルゾイ犬の顎《あご》、何人かの見物人――酔っていたようだ――のクスクス笑い。この殺人は、イヴァンによる連続殺人の長いリストの冒頭を飾った。彼が犯罪現場を演出する才能に恵まれていたことはまちがいない。手口と小道具をさまざまに変え、イヴァンは邪悪のマニュアルにのるのにふさわしい犯罪を重ねることになる。四つ裂き、火あぶり、斧での断頭、熊に襲われての絶命、重い鎖につながれての衰弱死、赤く焼いたやっとこ鋏《ばさみ》を使った拷問、刺殺、石臼を使った圧殺、水中での撲殺…イヴァン雷帝の犠牲者のうち、瞬時の死というぜいたくを味わえる者はまれであった。

悪の学校

あきらかに、暴力は若い大公にとって学校の役割を果たした。しかしながら、イヴァンの誕生（一五三〇年八月二五日）は、首都モスクワをふくむ六六の都市をもつ広大な大公国に君臨するヴァシーリーと、リトアニア出身で美しく教養があって芯が強いエレナ・グリンスカヤとの結婚のめでたい結実であった［ヴァシーリーが不妊を理由に最初の妻を離縁してエレナと再婚したときにはすでに五〇歳近い年齢であり、跡継ぎができたことは慶事であった］。だが、幸せな家庭生活は長く続かなかった。大公が五四歳で没すると、後継者イヴァンがまだ三歳であったため、モスクワ大公国は不安定な日々に突入した。摂政となった母エレナは、愛人であるオボレンスキー公を重用し、実家とも亡夫の家族とも争うようになり、荒っぽい手法で問題を解決した。たとえば、亡夫の弟を幽閉して飢えと重い鎖によってその死の訪れを早め、彼の信奉者三〇人ほどがぶら下がる絞首台をモスクワからノヴゴロドに通じる街道沿いにならべた。エレナはそれからまだ数年間、国外の敵――ポーランド人とタタール人が手を組んでいた――に対抗して奮闘したが、一五三八年に死去した。毒殺された、と噂された。

孤児となったイヴァンは、数かぎりない混乱をなすすべもなく眺めていた。ボヤール［中世からロシアやスラヴ諸国に存在した支配階級、貴族］たちによる寡頭政治は無政府状態となった。ライバル関係にある貴族たちの対決の場であるモスクワは、多くの殺戮の舞台となった。クーデターが起きるごとに、いずれかの一族が勝ち名のりを上げ、権力交替が起きた。貴族たちの互いに互いを破滅させようとする執念のすさまじさが逆説的に、イヴァンと彼が受け継いだすべての権利を守ってくれた。それでも少年は残酷な試練を耐えしのんだ。親しい者たちは排斥された。まずは後見人、次に乳母。友人のフョードル・ヴォロンツォフまでも奪われた。ヴォロンツォフはクレムリンの一室まで追いつめられ、侮辱され、殺すとおどされた。総主教が割って入って彼の命を救ったが、コストロマ［モスクワから北東三七〇キロ、公国最北の都市］に追放されるのを阻止することはできなかった。暴力はイヴァンの精神と想像力に染みこんだ。神経質で怒りっぽい少年であった。人間が人間を虐待するのを見慣れていた彼は動物をいじめ、鳥の目をくりぬき、犬の骨を折った。

にもかかわらず、イヴァン四世は君主の仕事を学んだ。幻想ぬきで、権力の脆弱性や人間の二枚舌を観察することができたからだ。自分を守るすべもない若い大公は、公式のレセプションでは自分の前で平伏している者たちが非公式の場で自分を侮辱するのを我慢するほかなかった。それにしても、クレムリンの実権をにぎったシュイスキーの一族は無礼すぎる、とイヴァンは立腹した。とくに目にあまったのは、シュイスキー兄弟の一人だった。「余の目の前で、彼は余の父上の寝台にブーツを履いたままの足をのせた」とイヴァンは記している。あまつさえ、彼はイヴァンの持ち物である金の食器で食事をとっていた。「だれもが知っていたことだが、余の母が存命のころ、シュイスキー公は緑色の紙繊維と貂《てん》の毛皮の外套をもっていたが、かなりの年代物だった。彼らの相続財産がそれくらいのものだとしたら、食器を鋳造するための金をどこで手に入れたのだ?」と憤るイヴァンは、次のように言葉を続けている。「その一方、余は窮乏生活を余儀なくされ、着るものや食べ物にいたるまで、なにもかも欠いていた」。君主の食器を盗んだ一族は罰を受けることになる。アンドレイが猟犬の鋭い牙に咬まれて死ぬと、宮廷人は全員、ロシアの支配者がだれであるかを悟った。

イヴァンは政治に直接かかわるにはまだ若すぎたが、ボヤールたちは彼の意に逆らわぬように気をつかうようになった。若い大公は青春を謳歌《おうか》した。街中を走りまわり、男たちを打擲《ちょうちゃく》し、女たちに乱暴を働いた。従順で残忍な猟犬係たちが、イヴァンにとってもっとも忠実な仲間だった。イヴァンは自分で手を出す、というより観客として楽しむほうであり、いざとなれば逃げ足が早かった。一五四六年五月、騒がしいイヴァンらの一行はコロムナ近郊での狩猟のさいちゅうに、ノヴゴロドの兵士たちと悶着《もんちゃく》を起こした。大公は逃げ出したものの、やがて激しい怒りをおぼえ、陰謀を疑って調査を命じた。お気に入りのとりまきが、追放から戻っていたイヴァンの旧友ヴォロンツォフと、すでになかば失寵《しっちょう》状態にあった彼の両親がからんでいる、と告げ口した。雷帝が本性を現わすときが来た。彼は処刑人にヴォロンツォフの首を刎《は》ねるように命じた。こうして竹馬《ちくば》の友は死刑台の露と消えた。

神の前の罪人

「なによりも、わたしは一人の人間なのだ。罪なき人間は存在しない。神のみが無謬なのだ」。イヴァンは自分が神の掟を破っていることを意識していた。敬虔な信者で、聖典を知悉《ちしつ》していたイヴァンは毎日のミサを欠かさず、自発的に聴聞司祭に自分の罪を告解した。僧院にこもることもたびたびだった。公開の場で罪を告解するイヴァンが心から過ちを悔いていることに疑いの余地はなかった。自分を「悪臭を放つ犬」になぞらえ、「酔態、姦淫、殺人、強奪」が日常となっている、と認めた。一五五一年、治世初期の大改革をはじめるにあたり、彼は主教会議を招集した［決議がストグラフ、すなわち一〇〇章の本にまとめられたため、この会議はストグラフ会議とよばれる］。クレムリンの大広場を埋めつくした聴衆を前に、イヴァンはみずからの過ちを告白した。「わたしがいかに金銭や肉欲の奴隷となったかは、皆さんがわたしよりもご存じのはずだ」。自分の過ちによって「残酷な死」の犠牲者になった人々に「（自分の）若さと経験不足」ゆえだと赦しを請い、自分はだれにも頼ることができない孤児であったのだ、と情状酌量を求め、一五四七年六月のモスクワ大火で家々や宮殿が破壊されたときに自分は回心したのだ、と訴えた。「神はわれわれにおそろしい大火をあたえた。われわれが取得した忌まわしき富は灰燼《かいじん》に帰し、われわれの先祖が残した遺産は炎のなかで壊滅した。さらに不幸なことに、炎は、神の聖なる教会、人間の言葉では語りつくせぬほど神聖な多くの聖具、崇敬の的である聖遺物を破壊した。数えきれぬほど多くの人々が死んだ。そのとき、強い不安がわたしの魂に入りこみ、畏《おそ》れがわたしの骨に浸透した。わたしの心は謙虚、穏やかになり、わたしは自分の罪を認めた」。イヴァンは、教会と手をたずさえ、聖なる掟の精神にしたがって統治するつもりである、と告げる一方で、集まっていた高位聖職者たちに対して、「（あなた方には）キリスト信仰のために血を流し、死ぬまで苦しむ」義務がある、と釘を刺した。このときのイヴァンは、老練な顧問に補佐され、善政を行なおうとする熱意にあふれた若き君主、との印象をあたえた。

おそろしく、かつ賢明な君主

その前に、イヴァンは大公からツァーリと肩書きを変更していた［ツァーリはもともと、東ローマ皇帝をさす言葉であった］。イヴァンは自身で、戴冠式の手順と日付け（一五四七年一月一六日）を決めた。コンスタンティノープル陥落からほぼ一〇〇年後、イヴァンは東ローマ皇帝の後継者として帝冠を戴いた。イヴァンの首都モスクワは、二〇〇年前に修道士フィロテウスが預言のなかで描写している第三のローマとなる。イヴァンは家伝の宝物のなかから、聖十字架の破片をおさめた十字架、「シャープカ・モノマハ」とよばれる王冠、そして頸飾をとり出した。伝説によると、この三つの宝物は、東ローマ皇帝コンスタンティノス九世からキエフ大公であったウラジーミル二世モノマフへの贈り物である。ほんとうのところ、シャープカ・モノマハは毛皮の帽子にモンゴルの金銀細工をかぶせたものであるが、そんなことは気にしない。総主教マカリーがイヴァン四世を祝福した。「正教徒のツァーリ、全ロシアの専制君主たるイヴァンよ、神の憐れみにより、長い歳月のあいだ、喜びと健康を享受するがよい」。耳を聾《ろう》する鐘の音が響くと、生神女就寝大聖堂前の広場に集まった大群衆は、降りそそぐ金貨の雨を頭上に浴びているツァーリに喝采した［皇帝の頭上に金貨を降りそそぐのは東ローマ帝国の伝統］。戴冠式の勢いを駆って、イヴァンは伴侶を選んだ。彼の命令に応じてモスクワに集められた五〇〇人の娘たちのなかから選ばれたのはアナスタシア・ユリエヴァ＝ザハーリナであった。ロシアの第一代ツァリーツァ［皇后］は孤児であり、姻戚として面倒を起こしかねない両親がいないのは好都合であった。彼女の父親のロマンは、ヴァシーリー三世が息子イヴァンの後見人の一人に選んだミハイル・ユーリエヴィチの兄であった。驚くべきことであるが、イヴァンは若い妻を心から愛した。戴冠、結婚、モスクワ大火によって、イヴァンは思慮深くなったと思われた。

イヴァンは現代人がよぶところのイメージ戦略に長《た》けていた。畏怖をあたえる者を意味するグローズヌイが彼の異名になったのもそれゆえである。ロシアの家庭道徳を論じた「ドモストロイ」［著者はイヴァンの家庭教師の一人ではないか、といわれている］には、一家の父親はグローズヌイであるべし、と記されている。少年時代の残忍性や不品行と決別したかのように、イヴァンは強大で公正な権力を体現することにした。上背があって肩幅が広いので、それだけでも強い印象をあたえることができたが、威光と栄誉を求めるイヴァンは、入念な演出をこらした。謁見するのは、低いアーチ天井の大広間であり、たっぷりと彫刻をほどこした玉座は、黙示録から着想を得た四頭の幻獣によって支えられていた。頭上には、生神女《しょうしんじょ》［聖母マリア］のイコン、玉座の右にはキリストのイコンが飾られていた。イヴァンは長い衣をまとい、冠をかぶり、牧杖《ぼくじょう》を手にしていた。長くて弓形に曲がった鼻が特徴的な顔のなかで、灰色の目は自分に話しかける相手を不機嫌そうに凝視していた。王というより、高位聖職者のようだった。彼の親衛隊のいでたちは奇妙だった。白いベルベットの長い衣を着て、白い毛皮の高い縁なし帽をかぶり、金の鎖を胸の前で交差させた若者たちは、きらきらと輝くおそろしげな斧を手にしていた。全身が宝石できらめいている大勢の宮廷人たちは身動き一つしない。重々しい沈黙があたりを支配していた。ある外国人の訪問者が、斧を手にした男たちがいることに驚きを表明すると、イヴァンは「余の地位ゆえ、および、余は畏敬（グロザ）の念をよびさまさねばならぬゆえ」と説明した。自著と嘆願書をイヴァンに提出してツァーリの権限強化を訴えたペレスヴェトフ［軍人］が、ツァーリとは正義と軍事力という二つの柱に支えられた権力をもつ「おそろしく、かつ賢明な」君主であるべきです、と訴えたことが影響しているのだろうか。イヴァン四世はまず、法整備に励んだ。教会の組織再編に着手し、風俗慣習にかんする規定を導入し、たとえば結婚にかんする法的手続きは二つに減らした。イヴァンは次に戦争指導者として権威を示すことにした。インペラトルである以上、当然ではないか［インペラトルは皇帝を意味するラテン語であり、もともとは元老院から命令権をあたえられた者、とくに軍事指揮権をもつ者をさしていた］。標的は選ぶまでもなかった。モスクワ大公国と境界を接しているカザン・ハン国だ。モスクワから騎行で数日の距離にあるスラヴの地にイスラム教の黄金部族（キプチャク・ハン国のタタール人）が君臨しているのだ。異教徒に対する十字軍遠征が、カザン攻略の口実となった。

　遠征は一五五二年夏に実行する、と決まった。イヴァンは、愛する妻アナスタシアにしばしの別れを告げた。自分のために神に祈り、おしみなく寄進を行ない、貧者ばかりか、失寵した宮廷人も助けるよう頼んで。イヴァンは一五万の軍勢を率いて出陣した。新たに結成されたストレリツィ（火縄銃兵）部隊は意気揚々《いきようよう》としていた。八月二三日、モスクワ公国軍はカザンの城壁の下まで到達し、数多くのミナレットが屹立《きつりつ》しているのを目にした。モスクワ国の歴史上、もっとも大規模な軍事作戦となる攻囲戦がはじまった。一分のすきもなく町を包囲し、爆撃し、坑道を掘り、爆発物を仕かけねばならない。血なまぐさい最終攻撃は、この世代の人々の脳裏に焼きつく偉業となる。全員で勝ちとったこの勝利において、二二歳のツァーリは特段の武勲を立てていない。長々と神に祈りを捧げたイヴァンが連隊に合流したときには、キリスト教の幟旗《のぼりはた》がすでに城壁の上でひるがえっていた。それでも一〇月四日、イヴァンは堂々とカザンに入城し、正教の十字架を町の中心につき立てた。この場所にはやがて、バジリカが建設される。次に城壁の上に立ったイヴァンは、新たに自分の領土にくわわった町に聖水をふりかけた。カザン陥落はキリスト教の勝利であり、イヴァンに栄光をもたらした。「神の恩寵により敵を屈服させた正教のツァーリよ、お慶びください。陛下、神があなたにおあたえになったカザン王国において長い歳月、あなたの繁栄が続きますように！」

　剛胆なイングランド人、リチャード・チャンセラーがモスクワを訪れたのは、カザン陥落の興奮がさめやらぬころであった「チャンセラーらは、中国に到達するための北まわりのルートを探して航海に出たが漂流し、野蛮人が住んでいると思われていたロシアに足をふみいれた」。テムズ川からはるばる白海に達し、名も知らぬ岸辺に上陸したチャンセラーの一行は、この土地の名前がロシアもしくはモスクワだと知った。イヴァン四世にお目どおりを許されたチャンセラーは、ツァーリの「威厳あふれる態度」だけでなく、豪華な宴会に強い印象を受けた。飲み物は、ライン川流域産の上質なワイン、ミュスカ、フランス産白ワイン、カナリア諸島やアリカンテのワイン、マルヴァジーア種ワイン、蜂蜜酒。食べ物は、白鳥のロースト、スパイスをきかせた鶴、生姜やサフランで味つけした鶏、エゾライチョウのクリーム煮、鴨の胡瓜ぞえ、菓子仕立ての肉料理、チーズや砂糖の菓子、クレープ、揚げ菓子、ゼリー、クリーム、クルミの砂糖がけ。イヴァン四世の食卓は洗練されていた。イングランド人にとってこれは大発見であった。チャンセラーの仲間の一人は、西欧人としてははじめて「モスクワとタタールの王国」の地図を作成した。こうしてイヴァンのロシアは世界地理へのデビューを果たした。

イヴァンは幸福の絶頂にいた。アナスタシアは一五五二年九月に男の子を産んだ。先に生まれた二人の娘が幼くして亡くなっただけに、ディミトリと名づけられた息子の誕生は喜ばしかった。だが運命は気まぐれだった。イヴァンは大病をわずらい、宮廷人は浮き足だって策略をめぐらした。それでもイヴァンは回復し、病《やまい》のさいちゅうに立てた誓いを守るため、ビエルオーズィエロの聖キリル修道院への巡礼に出発した。この旅の最中に、幼いディミトリが岸辺と船をつなぐ舷梯《げんてい》から落ちて溺死するという悲劇が起きた。とはいえ、一五五四年三月二八日に男児イヴァン・イヴァノヴィチが産まれた。続いて女児エヴドキアが誕生したが、一五五八年に夭折する。そして三男フョードルが一五五七年五月三一日に産まれたが、この児は知的にも身体的にも障害を負っていた。イヴァンは外政では成果をあげることができないでいた。バルト海へのアクセスを狙ってドイツ騎士団が治めるリヴォニアを征服しようとはじめた戦争は幸先が悪いものとなった。スウェーデン、ポーランド、リトアニア、デンマークが同盟を組んでモスクワ国の軍勢を蹴ちらかした。怒り心頭に発したイヴァンは、疑り深く陰険になった。人々はイヴァンに近よるのを避けるようになり、周囲に親しい者はいなくなった。一五六〇年八月七日、アナスタシアが原因不明の病気で亡くなった。愛妻の死に衝撃を受けたイヴァンは、葬儀では二人の召使いに支えられなければ立っていることもできなかった。風向きが変わろうとしていた。

幸せな日々の終わり

イヴァンは怒濤のような粛清をはじめた。友人たちが逮捕され、運がよければ追放ですんだが多くは殺された。イヴァンは「悪魔のように邪悪で、強力でおそろしい連隊」の兵士で身辺を固め、かつての顧問全員の物理的排除にのりだした。イヴァン・シェレメチェフは重い鎖につながれた。のちに釈放されたが、弟は絞め殺された。忠臣アンドレイ・クルプスキーはイヴァン四世が鬱々《うつうつ》として偏執的となるのを間近《まぢか》で見ていたが、ついに亡命を決意した。敵国ポーランドの国王に伺候《しこう》するようになると、イヴァン四世本人に手紙を書き送って自分がいかに失望したかを伝え、イヴァンの暴政を告発した。

一五六四年一二月三日。イヴァン四世は突然クレムリンを去った。貴重品を梱包させ、自分に同行することが許される者のリストを発表してからの出発だった。何が目的なのか、どこに向かうのかは、だれも知らなかった。パニックと驚愕《きょうがく》がモスクワを襲った。国中にさまざまな噂が広がり、臣民たちは動揺した。ツァーリはアレクサンドロフスカヤ・スロボダ村におちつき、ここを、オプリーチニナ（ツァーリ直轄領）制度を柱とする新体制を築くためのかけひきの拠点とした。国父として崇めるツァーリの不在に不安をつのらせる民衆の圧力に負け、イヴァン四世に反発していた貴族や聖職者は雪の悪路をたどってアレクサンドロフスカヤ・スロボダ村を訪れ、モスクワ帰還と復位を懇願した。イヴァンは自分への絶対的服従を条件に復位を受け入れ、オプリーチニナ制度を導入することに成功した。オプリーチニナには、たった一つの掟《おきて》、すなわちなにものにもしばられない専制君主の掟のみが適用され、住民は、君主のみが筋書きを知っている戯曲を演じる役者となる。名門貴族は権力中枢から排除された。自分は修道僧に似つかわしい清らかな生活を送るつもりである、と述べたイヴァンであったが、以前にもまして思うがままに国を統治しようと決意していた。

イヴァンはモスクワにいったんは戻ったが、アレクサンドロフスカヤ・スロボダの離宮に暮らすことが多く、ここがオプリーチニナ制度の中心地となった。離宮には広い地下室と深い穴蔵があった。イヴァンはここで、拷問を命じ、そのようすを眺めた。いつもは陰鬱で不機嫌なツァーリは、犠牲者の叫び声を聞くと快活となった。自分がうちたてた新秩序を妨害する者は全員、厳罰に処した。侍医であったボメリウスは拷問台にくくりつけられて関節をはずされ、その後に鉄の鞭で打たれ、最後には火で炙《あぶ》られた。ときには、獰猛な野獣が処刑人の役を果たした。たとえば、反逆罪を問われた修道士たちは六頭の大熊と闘わされ、食い殺された。一五七〇年、ノヴゴロドがリトアニア側につこうとしていると疑ったイヴァンは、この町の住民三〇〇〇人以上を虐殺し、大主教の肌に狼の毛皮を縫いつけてから犬をけしかけ、かみ殺させた。

オプリーチニナは、イヴァンただ一人が君臨する広大な直轄領であった。これを統治するのはオプリーチニキとよばれる軍事組織であり、司令官はイヴァン本人であった。オプリーチニキは一種の革命秘密警察であり、恐怖政治体制の母胎となった。イヴァンは、下層階級出身の三〇〇人をメンバーとして選び、鉄の規律に従わせた。イヴァン自身が鐘を鳴らして聖務のはじまりを告げた。真夜中に一日のはじめの祈祷。次に四時から七時にかけて朝課。八時にミサ。イヴァンは何度も平伏《ひれふ》して祈ったため、額に瘤《こぶ》ができた。午《ひる》になると、イヴァンは聖典を声高く読み上げた。その後は酒盛りがはじまり、賭け事に興じ、道化や語り部や音楽家の芸を楽しみ、肉欲に溺れた。過剰な信仰と、過剰な放蕩《ほうとう》の組みあわせだった。イヴァンは酒池肉林《しゅちにくりん》をくりかえした。彼の私生活は混沌そのものだった。三人もしくは四人の女性と再婚したが、いずれも離縁した。イヴァンに忠誠をつくすオプリーチニキたちも嗜虐《しぎゃく》的な娯楽に興じ、群衆に向けて熊を放つこともあれば、農民の娘を裸にして雌鶏を追いかけさせたうえで弓矢を射かけることもあった。夜の聖務のあと、イヴァンは盲目の老人三人が語る話を聞きながら寝入った。この老人たちの役割は、孤独と夜に対するイヴァンの恐怖を打ち消すことだった。ツァーリが短い眠りについているあいだも、見るからにおどろおどろしい——全身黒ずくめで、首から犬の頭をぶら下げた黒い馬にまたがっていた——オプリーチニキたちが皇帝直轄領をかけめぐって恐怖をまきちらした。

わが子を殺す

生存する二人の息子のうち年長であったイヴァンは父親似で、残忍なところを共有するだけでなく…ときには愛人も共有していた。すでに二人の妻を離縁し、父親の顧問をつとめたイヴァン・シェレメチェフの親戚にあたるエレナ・シェレメチェヴァと結婚していた。このエレナをきっかけとしてイヴァン四世をゆるがすスキャンダルが起きた。ある日のこと、宮殿の廊下でエレナとすれ違ったツァーリは、彼女の服装がだらしないと思って激怒した。妊娠していたエレナは、ドレスの上からベルトを締めることを省略していたものと思われる。怒り狂う舅《しゅうと》に手荒に扱われたエレナは流産した。これを知った息子が父親のもとを訪れて抗議したのは不思議でもなにもない。しかし、父子の口論は悲劇で終わった。怒りにわれを忘れたツァーリは息子のこめかみを笏《しゃく》でたたいた。致命傷を負った跡取りは、四日後の一五八一年一一月一九日に死去した。わが子を自分の手で殺《あや》めた記憶は死ぬまでイヴァン四世にまとわりつくことになる。何年も前のことであるが、イヴァンには、発作的な怒りに駆られて道化の一人を殺した前科があった。そのとき急いでよばれた医者は、「余のよき下僕を治療せよ。余はこの者を無思慮にもてあそんでしまった」と述べたイヴァンに対して「この者がこの世でふたたびあそぶことは、神をもってしても、陛下をもってしても叶《かな》いません」と答えた。

イヴァンの残酷なあそびは、彼が病気で何か月も苦しんだすえに一五八四年三月一八日に息を引きとるまで続いた。近年になってイヴァンの遺骸を調査したところ、かなりの量の水銀の蓄積が確認された。当時、水銀は薬としてしばしば処方されていた。イヴァンの場合は、梅毒治療のために使われたと思われる。いずれにせよ、子ども時代のトラウマによってすでに損傷を受けていたイヴァンの神経系統は、水銀によって変調が深刻化したのであろう。こうした生理学的および心理学的な考察はさておいて、イヴァンが暴君となったのは、邪悪な性格ゆえになのか、思い描く統治を行なうための政治的選択であったのかは、判断がむずかしい。いずれにしろ、権力の行使が性格の暗黒面を強めたことは確かだろう。

ロレーヌ・ド・モー

参考文献

Ivan le Terrible, *Lettres à un félon. Correspondance entre le Tsar et le prince Andreï Kourbski, passé à l'ennemi,* traduction : MARCHADIER Bernard, Paris, L'œuvre éditions, 2012.

Le Domostroï (ménagier russe du XVI e siècle), traduction : DUCHESNE Eugène, Paris, Picard, 1910.（『ロシアの家庭訓（ドモストロイ）』、佐藤靖彦訳、新読書社、一九八四年）

GONNEAU Pierre, *Ivan le Terrible ou le métier de tyran,* Paris, Tallandier, 2014.

WALISZEWSKI Kazimierz, *Ivan le Terrible,* Paris, Plon, 1904.

ELISABETHA BATHORI
FRANCISCI DE NADASD FILII
COMITIS THOMAE DE NADASD PALATINI
ANNO

9 バートリ・エルジェーベト
カルパティア山脈のエステ狂
（一五六〇―一六一四）

連続殺人鬼たちの長い歴史において、いかなる男性や女性であっても、一六世紀中頃に生まれたハンガリーのバートリ・エルジェーベト伯爵夫人［当時ハプスブルク家支配下にあった地域のハンガリー貴族バートリ家は、ドイツ出身であることなどから、ドイツ語読みのエリーザベト・バートリという呼称でも日本で知られている］に匹敵する者は現われなかった。陰鬱で謎に満ちた人格、数多くの犠牲者、あきれるほどの独創性を発揮した犯罪の数々、そしてそれらの犯罪の舞台となった残忍な時代と忌まわしい場所――血が凍らんばかりにぞっとさせられる。人間性を失うほどの、あとには虚無しか残らないほどの底知れない残虐性によって、彼女は吸血鬼とサディスティックな殺人鬼の元祖のような存在となった…

一六世紀のハンガリーは、その三〇〇年後にシシー皇妃［オーストリア＝ハンガリー帝国皇帝フランツ・ヨーゼフ一世の皇后エリーザベト。ハンガリーびいきで知られていた］が心をときめかせたようなロマンティックな国ではなかった。オスマン帝国のスレイマン大帝と戦った一五二六年のモハーチの戦いでの敗北以来、ハンガリーは三分割されていた。西部はハプスブルク家の支配下、中央部はブダを占領したオスマン帝国の統治下、そして東部のトランシルヴァニア地方である。つまり人心が、それ以上に利害が、ハプスブルク家とオスマン帝国の二強のあいだでゆれうごいた地域であった。ハンガリーは、ルネサンスによって啓蒙され、ヒューマニズムを受け入れ、農奴制がほとんど消滅した西側の王政諸国とも似ていなかった。それどころか、「第二次封建主義時代」とよばれるこの退行期のあいだに、農奴制がここハンガリーでは拡大したのである。名門の家系の貴族たちは、弱体化した歴代トランシルヴァニア公や遠くにいるハプスブルク家の皇帝たちによる監督をすりぬけ、絶対君主のようにほとんどの領地を支配していた。

したがって、ハンガリーでもっとも権勢を誇る一族の出身であったバートリ伯爵夫人も、従者とは家財であり、その生殺与奪の権利は自分にあると考えていた。「黒騎士」とよばれていた彼女の夫のナーダシュディ・フェレンツ伯爵も冷血漢だったようだ。シャールヴァール城の庭に若い娘が蜂蜜をぬりたくられて、その身体にアリやスズメバチが群がっているのを見かけても、それは果物を盗んだことに対する罰だと自分のしとやかな妻が言えば、心を痛めることなどなかった。留守がちな夫が不在のさいには直領地の管理にあたっていた伯爵夫人は、冷酷非情になるのは自分の義務だと考えていた。この田舎ならではの懲罰は、戦争で伯爵にとって対戦相手でもあったメフメト三世があたえた罰と比較してひどいといえるのだろうか。あのスルタンは、自分の一九人の兄弟を絞め殺したのち、妊娠していた父の妻一〇人とともにボスポラス海峡に投げすてたり、要塞を守る敵の部隊の兵士たち全員を串刺しにさせ、部隊長を弱火でじわじわと焼き殺したりしたではないか。だが、ハンガリー人も負けていない。「彼らの残酷さは驚きあきれるほどだった」と、一六四五年にルドヴィーカ・マリア・ゴンザーガ［この年からポーランド王妃になった］に随行してハンガリー経由でポーランド王国へおもむいたジャン・ル・ラブルールは書き残している。「ある農民がキリスト教徒の子どもをトルコ人に売ったとして、ハンガリー人は彼を裸にして、内臓をかき出した死んだ馬に縫いこんだ。その馬のしっぽから農民の頭だけがはみ出していた。馬と農民がともに朽ちていったのである」。ということは、数人の召使いが、ハンガリー風のやり方で暴行を受けていたからといって、騒ぐほどのことではない。猫を鞭打つほどのことではないのだ［「目くじらを立てるほどのことではない」という意味のフランス語の慣用句］。ましてや伯爵夫人のまわりに群がり、おびただしく繁殖していった悪魔のような黒猫たちのうちの一匹を鞭打つ必要など皆無である。

狼の一族

バートリ家一族を見ていくと、エルジェーベトの凶行の数々は、遺伝的な必然性が形として表われたもののように見える。その最後の化身が彼女なのだ。バートリ家の先祖はシュヴァーベン地方［ドイツ南西部］の出身で、一一世紀にハンガリーに定住し、「勇敢な」という意味のバートルという異名をとった。それからプロテスタントに改宗したとはいえ、彼らは、ほとんど例外なくいつもハプスブルク家の君主を支持していた。西ハンガリーを拠点とするバートリ・ショムヨーイ家とトランシルヴァニアを拠点とするバートリ・エチェディ家で家系は二つの系譜に分かれたが、くりかえし同族婚姻で関係を築きながら結束していた。エルジェーベトの父、ジェルジはエチェディ系の出であり、いとこであるショムヨーイ系の出のアンナと結婚した。凶暴で、セックス魔で、偏執的なサディストで、不実で、詐欺師で、神秘主義にとり憑《つ》かれている一族のなかでは、この二人は驚異的なまでに精神的なバランスがとれているほうだった。

いくつか代表的な例をあげるとすれば、まずはエルジェーベトの母方の伯父であるポーランド王ステファン・バートリ［ハンガリー名はバートリ・イシュトヴァーン九世］だろう。精神面では健全であったが、パレストリーナ［教会音楽で知られる一六世紀のイタリアの作曲家］の神聖な音楽でもてんかん発作を抑えるには不十分となると、神聖ローマ帝国皇帝ルドルフ二世が暮らしたプラハやウィーンで幅をきかせていた魔術師や錬金術師に必死にすがるようになった。別のおじにあたるトランシルヴァニアの宮中伯イシュトヴァーンは、オスマン帝国と同盟を結び、贋金作りでも知られるが、彼もまた別格だった。季節感に欠けており、真夏にそりで出かけるのだ。ショムヨーイ系のいとこにあたるガーボルは妹と二人の子どもをなすほどの近親相姦できわだつ存在で、同じくガーボルという名の別の親戚は悪魔にとり憑《つ》かれたとのことで、地面を転げまわり、手あたりしだいになんでも噛みついたという。エルジェーベトの従弟にあたるジグモンドは、一五八一年にトランシルヴァニア公になったが、その地位を神聖ローマ皇帝ルドルフ二世や自分の従兄のバートリ・アンドラーシュにあたえてはとり返すのを何度もくりかえした。そして、ルドルフ二世の従妹と結婚したが、彼女と寝室でともに寝なければならなくなると、ベッドのまわりを幽霊がとり囲んでいると激しくわめきちらしたのだ。気の毒にも妻となったオーストリア大公女マリア・クリスティーナには、その霊がまったく見えなかった。また、エルジェーベトの兄のイシュトヴァーンは卑猥で倒錯しており、露出趣味があった。エルジェーベトが親しかった父方の叔母のクララは、すでに醜聞まみれだった家系史にいちだんと悪名をそえた。彼女はおそらく最初の二人の夫を暗殺しており、男だろうと女だろうと貴族でも農奴でもだれ彼かまわず寝床にひきずりこんだ。その最期はおぞましいものだった。あるとき、若い愛人とともにオスマンの将軍に捕らえられてしまったのだ。敵の連隊の兵士全員に、次々と身体の上に馬のりになられて強姦されるあいだに、愛人は目の前で串刺しにされて火あぶりにされたという…

初期のバートリ伝記作者であるR・A・フォン・エルスベルクは、一八九四年に執筆した自著のなかで、伯爵夫人の倒錯の原因は遺伝的要素の強さによるものだろうと指摘している。たしかにそれはもっともだが、当時の政治や社会的環境、そして風習も、このような最悪の形での逸脱を可能にしたといえる。たとえば「彼女には狂気をかかえる権利があった」と一九六二年に『血の伯爵夫人』を執筆したヴァランティーヌ・ペンローズは書いている（歴史的事実から想像をたくましくした創作、女背徳者に魅せられたシュルレアリスト的関心が入り交じったこの作品によって、一般のフランス人ははじめてバートリの存在を知った）。バートリ伯爵夫人を正確に描いていると思われる唯一の肖像画は、ブダペスト博物館に収蔵されている。当時の貴族の描写方法に厳密にしたがって一五九〇年代に描かれたその絵は、一九世紀の終わり頃から、強引な解釈を生み出していった。ある者は少し見開いた目に狂気を感じ、別の者は背筋をぴんと伸ばした姿勢のなかに氷のような残酷さを見い出した。ほかの者は彼女の爪が鉤爪のように先が細くなって、唇の形が蛇のようにうねっている点に注目した。きわめつきは彼女の紋章だ。口蓋を象徴する赤を背景として、狼の歯三本が銀色で描かれ、うまい具合にエルジェーベトの頭文字Eをかたどっている。全体を一匹の翼竜がとり囲んでいる。動物的で狼に由来する野獣性、ひいては怪物的な本性を語りつくしているのだ…

小さな黒い雌鶏

エルジェーベトは、一一歳になるとすぐに未来の姑になるナーダシュディ・オルショリャに育てられた。それが当時のハンガリー貴族の習慣だったのである。こうして彼女は、教養があり、厳格な聖人のような女性に厳しくしつけられたのち、一五七五年にナーダシュディ・フェレンツの理想の妻になる。フェレンツは、バートリ家に匹敵するほどの権力と資産をもつ一族のただ一人の跡取り息子だった。美しく、賢く、ラテン語もふくめて六か国語を話すことができたエルジェーベトは、夫には愛情深く接し、戦闘で負傷しないような有益な秘訣を伝えた。手紙ではこう書き残している。「白い杖で小さな黒い雌鶏を激しく打ってください。その雌鶏の血を少し、敵にかけるのです。もし届かなかったら、敵の衣服の一枚にそれをかけてもいいわ。そうすれば敵はあなたに手を出せなくなる」。敵には事欠かなかったフェレンツだったが、それでも一六〇四年に戦場ではなくベッドの上で息を引きとることができたので、きっと何百羽もの小さな黒い雌鶏を惨殺したのだろう。しかしながら、彼女が夫に跡継ぎをあたえようとして頼みにした媚薬、呪文、護符、ほかにも五芒星の記号などは、約一〇年間効果を示さなかった。ようやく四人の子どもたちが生まれたのも、一五八五年以降のことだった。子どもたちはまず、乳母のヨー・イロナに託され、それから伝統にのっとって、母親から引き離された。娘たちは将来の嫁ぎ先の一族のもとで暮らし、一人息子のパールだけが、ナーダシュディ家の主要な領地の一つであったシャールヴァールにて家庭教師のもとで育てられた。伯爵夫人は、夫がオスマンとの戦いで活躍するあいだ、一七個所の城や村々だけにとどまらない広大な領地を管理できたほどの高い能力の持ち主だった。とはいえ、ハプスブルク家との墺土戦争（一五九三―一六〇六）のあいだ、オスマン帝国はチェイテ地方［現在のスロヴァキアのチャフティツェ］を破壊しつくし、シャールヴァールも脅威にさらされていた。

この時点まで、オスマンの襲撃や伝染病、日常的に発生する暴力的な事件に直面し、城から城へと転々とするエルジェーベトの生活には、なにもおかしなところなどなかった。夫が自分のもとに戻ってくる休戦中に、ウィーンの宮廷ですごしたさいには、ふんだんに使った真珠の輝きで青白く見える彼女の美しさは熱い注目を浴びた。彼女の手紙はいつも簡潔で、その口調は目下の者に対しては高飛車で横柄だったが、身内に対しては思いやりがあった。そして、しつこい頭痛があるとしばしば身内には打ち明けている…。それとてたいした問題ではなく、小さな黒い雛鶏を撲殺して秘薬を作る必要もなさそうだった。

一滴の血のために

一八世紀、イエズス会修道士のトゥローツィ・ラースローは、エルジェーベトが裁かれたというナジビッチェ［現在のスロヴァキアのビトチャ］城での裁判にかんする葬りさられていた資料を見つけ、分析した。一七二九年に『ウンガリア［ハンガリーの語源］』という自著のなかでそれらを発表すると、それが「飛躍的な若返りを求める伯爵夫人」の伝説のもとになった。トゥローツィによれば、すべては一滴の血からはじまった。伯爵夫人の髪を好みに合うように整えることができなかった侍女が流した血である。エルジェーベトが怒りにまかせて、ダイヤモンドの指輪をした小さな手で侍女のほおをはたいて掻き傷をつけたとき、その若き処女の血が自分の片方の腕に滴り落ちた。すると、奇跡が起きたかのように、エルジェーベトの肌のしなやかさと輝きが復活したのだ。

虚栄心が強く、悠々自適の生活を送り、自分の美貌を保つことだけを心配していた伯爵夫人は、永遠の若さの秘訣を見つけたと思ったのだろうと、善き修道士であるトゥローツィは書いている（彼にとっては、エルジェーベトはなによりカトリック信仰を放棄した改宗者を体現している存在だった）。あとはどのように必要なものを調達するかだ。彼女は共犯者の手を借りてまかなった。乳母のヨー・イロナとセンテシュ・ドロッチャ、通称ドルコが、娘たちをいたぶり、殺すのを手助けした。それから、呪術や媚薬、黒魔術を得意とする女魔法使いダルヴリアもいれば、フィツコというあだ名をもつ下劣なヤーノス・ウイヴァリは、使用人たちにミスがないかあら探しをし、必要とあらばねつ造し、独特の拷問を考え出す担当だった。洗濯女のベニーキ・カティアはそのシステムの中心人物だった。というのも、若い娘たちから血をしぼり出すのは、非常に汚れをともなう仕事だからだ。人間を畜生のように狩り集めるネットワークは、小カルパティア山脈の中腹のオーストリア＝ハンガリー国境上にあった主要なチェイテ城とベコフ城の外まで、またたくまに広がっていった。みじめで、奴隷の状態に置かれ、時代遅れで、定期的に襲撃にやってくるトルコ人におびえ、新しいスカートや刺繍入りの上着やガラスのアクセサリーのために娘たちを売るのもいとわない人々を相手にするのだから、人狩りも簡単だった。娘たちの多くが教育をまったく受けておらず、プロテスタントと先祖代々の迷信の狭間で信心深くもなく、素朴さにあふれ、背が高くがっしりとしており、若さあふれる健康体で、鮮やかな血の持ち主だった。つまり、伯爵夫人が好むすべてをそなえていたのである。

その血に染まったネットワークの中心には、そそり立った不吉な岩山の頂上にそびえるチェイテの星形要塞があり、地下には迷路のような通路が広がっていた。寝室から地下の拷問室や「予備」が閉じこめられた地下牢まで、すべてが彼女の血に飢えた狂気を満たすために考えられていた。それはウィーンでも同様だった。そこでは伯爵夫人は二つの館を次々と用意している。一つはかつてテンプル騎士団が拷問されたという血なまぐさい思い出が残るブルートガッセ通りの館、そして二つ目は皇宮のそばで、アウグスティーナ修道院の向かい側の館だった。裁判で彼女の共犯者たちが語ったところによれば、アウグスティーナの修道士たちは、「痛みに苦しむ叫び声を耳にすると、壺の破片を窓に投げた」という。数多くの死体を消すのは、一筋縄ではいかなかった。フィッコは三七人、ヨー・イロナは五〇人、ドルコは三〇人の娘たちを殺したと自白しているが、その数には伯爵夫人が殺した人々はふくまれていない。約六五〇人といわれる犠牲者の総数をエルジェーベトが書きとめた手帳が存在する、と予審では言及されたが、それは見つからずじまいである。

犠牲者たちは当初、伯爵夫人がもっともひんぱんに滞在したチェイテ城のふもとの村の墓地に、伝統的な方法で埋葬してもらえた。だが、ベルトニ・アンドラーシュ牧師が老齢で死去したのちに、あとを継いだポニケヌス・ヤーノス牧師は、夜間の埋葬を要請されることがしだいに増えていくのに驚くようになる。それでも彼は、とくにウィーンから聞こえてくる人殺しの噂話をとても信じることができなかった。彼が城のなかで起きていることに介入しなければ、伯爵夫人は教会にふんだんに寄付をしてくれるのだから、信じたくなかったのである。牧師は、教会の地下納骨堂で手足がむごたらしく切り落とされた少女たちの死体が入ったいくつかの棺を発見したため、噂の根拠は証明されたわけだが、死にたくないあまりに裁判になるまで沈黙をつらぬいた。死体の運搬は続いていった。ある老女がほとんどの死体を埋める役割を担った。チェイテやシャールヴァール、ポドリエ、ベコフ、レスティチェ、ケレストゥール、あるいはエルジェーベトが定期的に、ヴァーグ川ほとりの有名な湯治場の湯と泥につかるために通っていたピエシチャニの城や館の庭や壕、食料やワインを納める貯蔵庫に死体を葬ったのである。実際、ピエシチャニ城の菜園で、エルジェーベトの娘婿のズリーニ・ミクローシュに、飼い犬のグレーハウンドが人肉のかけらをもってきたとされている。だが、言葉にもできないようなおぞましい出来事など、信じようにも信じられないではないか。

常軌を逸した想像力

ダキア人［中央ヨーロッパ、現在のルーマニアに相当する地域に暮らした古代民族］、フン族［四世紀から六世紀のあいだに中央アジアからハンガリーに移動した遊牧民族］、アヴァール人［フン族ののち六世紀にハンガリーを支配した遊牧民族］、オスマン帝国など中央ヨーロッパにまつわる残虐なイメージは、いまもなお西ヨーロッパの人々の想像力のなかで息づいている。おまけに、一九世紀に入ると吸血鬼伝説が誕生してブームとなり、同様に女性のヒステリー理論や、犯罪者は生まれながらにして犯罪者であるといった生得的理論が登場した。だからこそ、何世紀にもわたる暗黒時代を受け継ぎ、その野蛮さを最高レベルに完成させた女殺人鬼バートリのおそろしいイメージがきわだつのだ。だが、彼女の共犯者たちの自白調書を読むと、呆然とさせられるような衝撃と嫌悪感がないまぜになった恐怖、ありえない滑稽さと健全な疑念のあいだで躊躇《ちゅうちょ》してしまうのは事実だろう。なぜなら、残酷で倒錯した少女エルジェーベトによる平手打ちや激しくつねる行為から、みずからの喜びと若返りのために何百人もの女性を殺害し、その血を大量にしぼりとって浴びる行為にいたるまで、美しきエルジェーベトの行為は、退廃した歴代ローマ皇帝をはるかにしのいでいるからだ。ここで身の毛もよだつような数々の事例を提示するが、真偽の判断は読者にゆだねたい。すでにふれたとおり、バートリ・エルジェーベトは発作的に激しくなる偏頭痛に悩まされており、夫も手紙で彼女の偏頭痛についてはこぼしている。彼女は、城のなかでのささいなことにひどくこだわるようになった。アイロンの折り目がわずかでもずれていたり、ドレスの裾のまつりの縫い目が微妙に曲がっていたり、少しでもいたらないしぐさをするのを見かけたり、一瞬でも彼女に対して礼を失することがあれば、いらだち、激怒するのだった。最初は激しくたたかれるだけであっても、しだいに噛みつかれたり、ピンで刺されたり、火かき棒をあてられたりするようになる。だが、見つかってしまった落ち度に対する罰としての暴力だったものが、暴力という大きな犯罪を正当化するための落ち度すら必要としない組織化されたシステムに変わってしまったのは、いったい何がきっかけとなったのだろう？　伯爵夫人が、血の再生力と根拠のない残忍さの快感を発見したときかもしれない。そのタイミングがなんであれ、彼女のとりまきたちの果たした役割は、ますます趣向がこらされていく拷問を生み出すにも実行するにも不可欠になった。

以下は、裁判における共犯者たちの回答である。

「どんな虐待方法を使ったのか?」という尋問に対して、フィツコはこう答えた。「彼女たち(ドルコとヨー・イロナ)が、少女たちの手と腕をウィーンからとりよせた細糸できつく結びつけて、激しく殴りました。石炭のように彼女たちの身体が黒くなり、皮膚が裂けるまで殴りつづけました。なかには一〇〇回以上殴られたすえに、ようやく死んだ娘もいます。ドルコは、大ばさみで彼女たちの指を一本一本切ったあとに、はさみで静脈をつき刺しました。(…)ヨー・イロナは火種をもってくると、火かき棒が赤くなるまで熱し、それを少女たちの顔や鼻にあてると、口をこじ開けてその熱い鉄をなかにつっこみました。(…)ある日、奥様が少女の口のなかにご自分の指を入れて、口が縁から裂けるまでひっぱりました。(…)奥様は、彼女たちの身体のあらかたどんなところでも留め針で刺しまくりました。(…)奥様ご自身が、やっとこを使って肌と肉を引きちぎり、指と指のあいだを切りました。彼女たちを裸にして雪の上につれていき、凍りそうな冷たい水を浴びせかけるように命令したこともあります。ご自身でも、みずからの手で冷水を彼女たちにたっぷりかけて、そのせいで彼女たちは死んでしまいました。(…)ときおり、少女たちを一週間、飲み食いさせずに放置したこともありました。(…)ときには、五人ほどの若い娘たちが中庭で、裸のまま青年たちの目にさらされながら縫いものをさせられたり、柴を束ねさせられたりしていました」

同じ質問に対するヨー・イロナの回答は次のようなものだった。「彼女［エルジェーベト］は激しく娘たちを殴りました。そしてダルヴリア（女魔法使い）が、若い女中たちを冷水に浸からせて、一晩中放置しました。伯爵夫人みずから、真っ赤に焼けた鍵や銀貨を彼女たちの手の上に置きました。（…）わたしは、若い娘たちの腿のあいだに油をひたした紙を置いて、火をつける役でした。ドルコは腕の静脈をはさみで切ったのですが、おびただしい血が流れたので伯爵夫人のベッドのまわりに灰をまかなければならず、伯爵夫人もドレスやスリーブを変えなければなりませんでした。ドルコは少女たちの身体の腫れあがった傷跡を切り開き、エルジェーベト様が小さなやっとこで肉を引きちぎりました。伯爵夫人がとんでもないほどの残酷さを学んだのはダルヴリアからです。あの二人はとても親密でした。伯爵夫人が、教会の大きなろうそくで娘たちの女性器を焼いたところすら見たことがあります」

最後にドルコの証言による恐怖の一覧を紹介しよう。「（…）伯爵夫人は熱したスプーンで娘たちをいたぶり、赤く熱をおびたアイロンを足の裏にあてました。小さな銀のやっとこを使って、胸や身体のほかの部分のなかでももっとも感じやすい個所から、肉を引きちぎりました。伯爵夫人が病気のときは、自分のベッドのすみに娘たちをつれてこさせて、彼女たちに噛みついていました」

こうした虐待のあいだ、エルジェーベトはいつも「もっとやれ！　もっと激しく！」と怒鳴っていたとベニーキ・カティアはつけくわえている。

これらの証言のなかでは、伯爵夫人を有名にした血の風呂についても、彼女が血を浴びるためにその下にいたという鉄の刃がとりつけられたケージについても言及されていない。ましてや彼女がウィーンの宮殿の地下に設置させたといわれる、かの有名な「鉄の処女」も登場しないのだ。なお、「鉄の処女」のレプリカの一つはニュルンベルクで、もう一つは縮小版だがパリ警察博物館で見ることができる。ゆがんだ笑みを浮かべる凶暴な女性の顔の形がついた蓋が連結されている棺桶状の容器のなかに、犠牲者となる人々がはめこまれ、蓋を上から閉めると、中にしつらえてある数々の短刀でめった刺しにされるわけだが、これはおそらく、一八世紀末にからくり仕掛けが得意なだれかが悪ふざけで考案したおぞましい玩具にすぎない。ちなみに、オーストリア人の著名な作家であるレーオポルト・フォン・ザッハー＝マゾッホが書いた短編『永遠の若さ』ではじめて、この血をしぼり出す機械がバートリの伝説に登場したのである。

追いつめられて

伯爵夫人は、下級貴族の娘たちまで、しかもよりによってウィーンでそうした令嬢たちを襲うようになったため、みずからの破滅をまねいてしまった。ルーテル派の牧師マジャリ・イシュトヴァーンは、彼女の犯罪行為の数々を公に告発した。一六一〇年、神聖ローマ皇帝マティアス［ハプスブルク家出身。ハンガリー王としてはマーチャーシュ二世」はそれを重く受けとめ、ハンガリー宮中伯だったトゥルゾー・ジェルジに捜査の開始を命じた。ナーダシュディ・フェレンツの戦友であった男にとってこれはデリケートな任務だった。フェレンツは死のまぎわに、あとに残す妻子のことを彼に頼んでおり、トゥルゾーの最初の妻はエルジェーベトととても近しかったからだ。また、バートリ家とナーダシュディ家が大きな権力をもっていること、そして伯爵夫人の娘たちが自分の母親も評判も相続資産もなんとしても守りたがったという意味においても、デリケートな任務だった（夫人が処刑される場合、彼女の資産は国王のものとなる）。

だが、マティアス皇帝は、オカルティズムや神秘主義に傾倒していた先帝ルドルフ二世とはかなり趣味が異なっていたため、この事件をとりまくきな臭さを受け入れることができなかった。被害者たちに――たしかに前もってごていねいに火をとおしていたとはいえ、被害者たち自身の身体の一部を食べさせたなどといった前代未聞の重罪を報告するおそろしい手紙を受けとった以上、皇帝は時間がたつとともにますます多くの証拠を求めるようになった。

一六一〇年が暮れる頃には、もはや疑いの余地はなかった。五〇件以上の報告書が殺人の数々を確認したため、トゥルゾーはこれ以上躊躇《ちゅうちょ》するわけにはいかなかった。ぬき打ちでチェイテにおもむいたトゥルゾーによれば、身体の一部を切断された二人の少女を発見し、伯爵夫人のあきらかな犯罪証拠を押さえたという。そのうちの一人はすでに死亡していた。裁判は避けられなくなった。

獣もどき

「エルジェーベト、そなたは獣もどきだ。これから最後の数か月間を生きながらえることになるが、この土地の空気を吸うにも値せず、神の御光を仰ぐにも値しない。人間社会の一員である資格もない。この世から消えるのだ。決して戻ることはないだろう。そなたをとり囲むことになる闇のなかで、獣のような生活を悔いあらためるがよい。神がそなたのすべての罪の許したまうように。チェイテの女城主よ、そなたの城にて無期禁固に処する」

この判決は、一六一一年一月六日に皇帝の代理と二五名の裁判官の立ち会いのもとでトゥルゾー・ジェルジがナジビッチェ城の会議室で宣告したものである。この判決文がすべてであり、エルジェーベトの犯罪については、それを思わせる残忍性にふれた以外には、一言も言及されていない。法廷は「女性の血に対するおそるべき犯罪」で彼女に有罪判決をくだした。殺人を断罪するのと同時に、生殖能力がある女性の神聖な身体を冒涜し、若い処女の身体を恥ずべき形でエロス化したことを糾弾した判決であった。この事件からただよう女性同性愛の悪魔的なうさん臭さについては、裁判官は一人としてあえて立ち入ろうとしなかった。しかしながら、伯爵夫人が彼らの前に出廷することを免除し、助命することにした奇妙な温情はどこからきたのだろう？

共犯者たちの自白は、拷問によってむりやり引き出されたため、多くの歴史家たちがその信憑性を疑問視している。拷問は、あらゆる刑事事件において体系的に行なわれているため、ほかの要素によりこれらの自白を裏づけするのが不可能な場合、いかなる法的な妥当性も疑問視されることになる。ただし注目すべきは、自白は別々にとられたものである点、そして互いの役割や拷問のさまざまな方法にかんして彼らの証言が一致しているゆえに、自白の核心部分は信用に値するのではないかという点である。歴史家たちはまた、エルジェーベトと、その従弟にあたるトランシルヴァニア公バートリ・ジグモンドによるハプスブルク家に対する陰謀の可能性についても考えているが、もしそうであるならば、皇帝マティアスがエルジェーベトを執拗に訴追しようとした理由が説明できる。ところが、結局、彼女に死刑を免除したのは皇帝自身だった。残るは、明らかになった呪術や黒魔術の実施、そして毒を盛ったという告発である。バートリ・エルジェーベトが、もし聖職者による宗教裁判で裁かれていたならば、火刑をまぬがれることはできなかっただろう。明らかなのは、彼女の終身刑は、だれにとっても都合がよかったということである。それとは対照的に、共犯者たちは、彼らが犠牲者にあたえた苦痛に見あった刑罰を受けた。ヨー・イロナとドルコはやっとここで指を引きちぎられ、生きたまま炎のなかに放りこまれた。フィツコは斬首された。四年後、みずからの城に閉じこめられた伯爵夫人は、一人息子のパールに有利な遺言を書いたのちに五四歳で世を去った。

でっち上げかもしれない出来事、やっつけ仕事で行なわれた調査、矛盾の数々、ねつ造され、偽造され、あるいは破棄された証拠。ゆえに歴史家たちは断定を避けている。拷問にかけて証人をしゃべらせるようなまねをしても意味をなさない、というのはたしかにそのとおりであるが、証拠がないことは、事実がなかったという証明にはならない。バートリ事件は、無為な生活を送る悪徳にまみれていることで有名な、つまりは人殺しにちがいない女性に激怒したイエズス会士の病んだ脳から生み出されたものではない。裁判の議事録の原本は、裁判を開始し、審理を行なった数多くの人々、とくにマティアス皇帝とトゥルゾー・ジェルジの書簡と同様に保存されている。そのうえ、伯爵夫人がまったく処罰されずに、血なまぐさい怒りをむき出しにするのが可能な、社会的、精神的、文化的、物理的条件すべてが整っていたのだ。流された血は数パイントだったのか、あふれんばかりの量だったのか。犠牲者の数は数十人なのか、数百人なのか。これが議論の的なのだ。数字をめぐる問題といえよう。答えの出ない方程式や、ゼロや無限大といったはかりしれない謎に事欠かぬ数学にふさわしい問題である…

ジョエル・シュヴェ

参考文献

DESTAIS Alexandra, « Erzébet Báthory (Élisabeth Báthory) » in REGINA Christophe et FAGGION Lucien (sous la direction de), *Dictionnaire de la méchanceté*, Paris, Max Milo Éditions, coll. « L'inconnu », 2013.

JOLY Aurélie, *L'Étude criminologique des tueuses en série* (mémoire de Master 2), Paris, université Paris VIII, 2013-2014.

MEURGER Michel, *Dictionnaire des assassins et des meurtriers* (dir. Stéphane BON et François ANGELIER), Paris, Calmann-Lévy, 2012.

MOLNÁR Miklós, *Histoire de la Hongrie,* Paris, Hatier, 1996.

PENROSE Valentine, *La Comtesse sanglante,* Paris, Gallimard, 1962.

PÉRISSET Maurice, *La Comtesse de sang. Erzébeth Báthory,* Paris, Pygmalion, coll. «Bibliothèque infernale», 1974.

ROBERT Stéphanie, *La Cruauté au féminin : mythes et sacrifice dans* La Comtesse Sanglante *de Valentine Penrose,* Montréal, Faculté des Arts et des Sciences, 2010.

LE PORTRAIT DE LA VOISIN.
Source de tant de maux maudite creature
Qui par mille poisons destruisois la Nature,
Si la parque en fillant tes detestable jours
A fait regner la Mort, en prolongeant leur cours,
Vn suplice effroyable et plein d'Ignominie
A sçeu trancher le fil de ton énorme vie.
Chasteau, ex. C.P.R.

10 ヴォワザン夫人
信心深い毒殺者
（一六三七頃―一六八〇）

服装と同様に犯罪にも流行がある。ルイ一四世の時代には、大きなカツラ、フォンタンジュ［リボンやワイヤーを用いて髪を高く結い上げる女性の髪型］、「フランス風の装い［身体にぴったりした膝丈までのコートに、襟なしのジャケット・細身の半ズボンにストッキングという男性の服装］」が一世を風靡した。そして毒薬である。こうしてまさに太陽王が生きた同時代に「ラ・ヴォワザン」として知られたフランス史上もっとも有名な毒殺者、カトリーヌ・デエーが登場する。

一六八〇年代のパリで、すべてをあきらめたような顔をしたふくよかな女性の肖像版画が売りに出されていた。その女性がかぶっている頭巾と身につけた服は、庶民の出であることを表わしている。きわめて平凡にほかならない容姿であるが、そのまわりを囲む図柄ほど平凡さからかけ離れたものはなかった。蛇、鎌を手にした不機嫌そうな骸骨、竜、ゴルゴン［ギリシア神話に登場する頭髪のかわりに蛇が生《は》えた怪物］、運命の糸をにぎるパルカ［ローマ神話の運命の女神］が描かれているのである。「ラ・ヴォワザンの肖像」という題がつけられたこの版画の作者は、アントワーヌ・コワペルというまだ二〇歳そこそこの青年だった。彼は三〇年後、摂政オルレアン公のお気に入りの画家となり、同時代の芸術家のなかでもっとも知られた存在になる。

アンシャン・レジームの社会では、肖像画を描いてもらえる栄誉にあずかれるのは、たいていの場合、上流階級に属する人々にかぎられていた。つまり、ラ・ヴォワザンは、一七世紀フランスにおける最大級の犯罪者であるという例外的な事情から、この特権階級の集団に仲間入りしたことになる。

カトリーヌ・モンヴォワザン、旧姓デエー、通称「ラ・ヴォワザン」の人生は、犯罪による出世の物語だ。一六三七年、あるいは、のちの国王ルイ一四世と同じく一六三八年にカトリーヌはパリで生まれたといわれている。その二〇年後、彼女はモンヴォワザンという名の男の妻として、首都の中心部にある、セーヌ川右岸と当時飛躍的に発展していた地区であったサン＝ルイ島を結ぶマリー橋の上に建てられた住居に暮らしていたという記録に登場する。夫は織物商、妻は助産師であった。

しかしながら、事業が傾いてしまい、夫のモンヴォワザンは店を失ってしまった。夫婦はそこで、右岸の北部で未開発だった土地の真ん中にあった、ボールガール通りの屋根の低い家に転居した。この地区はラ＝ヴィルヌーヴ＝シュル＝グラヴォワとよばれ、中世以降、パリの人々がそこに堆積させたゴミでできた小さな丘にあった。不衛生だと評判で、近隣に住む人々は汚臭に文句をつけていた。酒に溺れていたモンヴォワザンは、あちこちに色気をふりまきながら彼を養っていた妻を殴っていた。彼女の愛人たちのなかには、パリの処刑人アンドレ・ギヨーム、フォーシェという名前の建築家、近所の居酒屋の主人、クセラン伯爵とラバティ伯爵がいた。

カトリーヌ・モンヴォワザンは助産師と名のっていたが、実際は堕胎を行なっていた。危険な職業であったが、婚外交渉が多い町では金になる商売だった。彼女はのちに、二五〇〇件以上の堕胎を行なったと称している。むろん違法な活動であるため、中絶された胎児は庭に埋められるか、戸棚の後ろに隠されたかまどで焼却された。

一六六〇年代になると、ラ・ヴォワザンは、彼女の言葉をそのまま借りるならば「神から賜わった知恵をつちかう」ことに専念し、無名な存在から脱した。占い師になったのだ。手相を見たり、「人相学」にもとづいて予言したり、占星術を用いた。信仰に篤いと自称し、九日間連続で行なわれる有名なミサ「ノヴェーナの祈り」を立てることを司祭に依頼した。しばらくすると、彼女の評判は、ラ＝ヴィルヌーヴ＝シュル＝グラヴォワの外まで広まるようになった。ルイ一四世の親政がはじまったころ、助産師ラ・ヴォワザンはしだいに裕福な顧客を引きつけながら、たとえば暇を出された女中、司祭くずれ、破産した貴族などいかがわしい人々とも親交を結んだ。一六六四年、彼女が盗難事件にかかわったときには、すでに女占い師として知られていた。

ラ・ヴォワザンは、自分がカリスマ的な存在として認められるような人脈を少しずつ築いていった。薬局を作り、あらゆる適切な手段を駆使して、金まわりのよい顧客の願いをかなえようと請けあったのだ。たとえば、好きな人の姿をかたどった蝋人形を作って温めることで、その本人に恋心を吹きこもうとしたり、呪いをかけたり、ヒキガエルを材料にした飲み薬を作ったりした。顧客から相談を受けているあいだラ・ヴォワザンが着ていたのは、おそらく一万五〇〇〇リーヴル［フランス革命前の貨幣の単位］はするであろう、金色の双頭の鷲の模様があちこちにほどこされた深紅のビロードの「皇帝の衣」だった。

いまもなお明らかになっていない経過をたどりながら、悪魔のような仕組みができあがっていった。効き目があるのかもわからない媚薬が、もっと手っとり早い水薬になり、恋人たちのための呪文もどきが、人間の生け贄《にえ》をともなう黒ミサになってしまった。毒殺者ラ・ヴォワザンの共犯だった司祭のギブール神父は、神ではなくサタンに向けられた儀式をとりおこなった。その儀式は、カトリックのミサの流れに沿って展開しており、ホスチアを食する聖体拝領もあったが、キリストのかわりに悪魔が登場する。「世界の皇帝［悪魔］」に求めるのは物質的恵みであり、霊的な恵みではなかった。というのも、ラ・ヴォワザンは敬虔なカトリックであったが、悪魔を信じるカトリックでもあったからだ。彼女は二重の人格をもっていた。一方では信心深い教区民であり、他方ではさほど矛盾を感じることなく、正式なカトリックの儀式を反転させた、まやかしの儀式を仕切る「魔女」であった。

のちに裁判にかけられたラ・ヴォワザンは、じつに生々しい描写でこの悪循環を説明した。「このような類いのおそろしいことをしていると、父親や夫や妻の死を願うような言葉を耳にするものなのです。というのも、色ごとがうまくいかなくなると、人というのはおそろしいことが頭に浮かんでしまうものですから。手相を見る者を求めに来る人たちの心のなかに入りこむためには、そんなつもりがなかったとしてもあらゆることをしてしまいます。お金を稼ぐためなら、そうしてしまうものなのです」。つまり、色ごとや事業の競争相手をかたづけようと望んだり、なかなか死にそうにない親からもっと早く相続したいと願ったりする客がいるということになる。こうした客に、ラ・ヴォワザンと彼女に協力した共犯たちは、あらゆる類いのサービスを提供した。祈祷や贖いの儀式もさることながら、狙った人物のスープに混ぜるために痕跡を残さない毒物、謎の「白い粉」、毒入りの浣腸剤、毒をしみこませた手袋、死にいたるほどの有害物質でコーティングした「特別仕様のシャツ」などを提供したのである。

この薬局の「得意分野」は、妻の不興を買った夫の抹殺だった。一六六九年、パリ高等法院の院長だったジェローム・ルフェロンは、ラ・ヴォワザンが用意した毒入りの水を飲んでしまい、未亡人となった妻は「夫の死によってあからさまに喜んだ」。ラ・ヴォワザン自身も、ちょっとした夫婦げんかをしたのち、自分の夫に毒を入れたスープを飲ませることをくわだてた。だが、自分の雇い主を不審に思った女中がそれを防いだのだった。

闇取引、呪文、黒ミサ…

裕福な顧客に「ヴォワザン夫人」とよばれていた彼女やその一味の影響力が、宮廷やルイ一四世の側近までおよぶことに成功しなかったとしたら、彼女の商売はうやむやにされたままですんでいたかもしれない。一六六七年、王妃の女官として宮仕えをしていたモンテスパン侯爵夫人は、この占い師とその仲間たちの助けを借りた。国王の最愛の寵妃だったラ・ヴァリエール嬢を国王が棄《す》て、侯爵夫人を選ぶよう、呪文の力で仕向けてもらうというものだった。ラ・ヴォワザンは、モンテスパンにマリエット神父とルサージュという名の毛織物商人を紹介した。この二人の男は、パリや当時宮廷があったサン゠ジェルマン゠アン゠レーで呪文を唱え、黒ミサをとりおこなった。翌年、マリエットは逮捕されたが、ラ・ヴォワザンはしっかりした人脈をすでに築いていたので、手をまわして彼を釈放してもらった。ルサージュは漕役刑［ガレー船の漕ぎ手となる懲役刑］に処された。その六年後に、おそらく高位の人物による介入のおかげで、彼は釈放される。それまでのあいだに、セヴィニェ夫人［一七世紀当時の貴族文化をつづった書簡で知られている］が「外国大使全員に見せつけるための、勝ち誇る美貌の持ち主」と形容するモンテスパン夫人は、おそらくラ・ヴォワザンの魔術の効果よりも、肉体的な魅力と鋭い機知のおかげで公式の寵妃となった。そして、ルイ一四世との子どもを数人もうけた。国王は子どもたちを認知し、じゅうぶんな爵位や名誉職をあたえた。

しかしながら、パリでは毒薬事件の増加が大衆や権力側の関心を引きはじめるようになった。

一六七二年、サント＝クロワという名の詐欺師が、自然死とみられる死に方をした。ところが、彼が「相続の粉」の闇取引に従事していたことを明らかにする書類が、自宅から見つかったのである。その書類によると、故人にはブランヴィリエ侯爵夫人マリー＝マドレーヌ・ドブレーという愛人がいることが判明した。彼女は今日でいう小審裁判所［日本の簡易裁判所に相当する］の裁判長に相当するパリのシャトレ裁判所代理官の娘であった。ブランヴィリエ侯爵夫人は、財産を築こうとして父親、続いて兄や弟に対して少しずつくりかえし毒を盛り、彼らを死にいたらしめた。それらの事件が発覚すると、侯爵夫人はイングランドに、それからスペイン領オランダに逃亡した。一六七六年にフランスに引き渡されると、彼女は斬首刑の宣告を受け、胴体はグレーヴ広場で燃やされた。セヴィニェ夫人はそのさいに自分の娘にこのように書き送っている。「これで万事休すです。ブランヴィリエ夫人は、空中に浮かんでいます。彼女のかわいそうでみじめな遺体は、処刑のあと燃えさかる大きな炎に投げこまれました。その灰は風にのって、わたしたちが吸いこむことになるでしょう。そして小さな霊が互いに交信することによって、わたしたちは毒気にあてられ、その毒気にひどく動揺することでしょう」。ブランヴィリエ夫人は、裁判の審問中に「この悲惨な毒物取引にかかわる多くの人々、多くの貴族がいた」と認めている。

それ以来、当局は警戒を怠らなかった。一六七六年の夏には、警察はラグランジュ嬢と名のる女性とネイル神父と名のる男性の二人の詐欺師を逮捕し、毒殺と詐欺行為で起訴している。その捜査の過程で、パリ警察警部補ラ・レイニーは、ラ・ヴォワザンがその中核を占める広大なネットワークを、徐々に明らかにしていった。

一六七九年三月一二日、ラ・ヴォワザンは、ノートルダム＝ド＝ボンヌ＝ヌーヴェルで行なわれた日曜日のミサから出てこようとしていた。カミュゼ警視とパリ警備隊中尉のフランソワ・デグレが、教会の入り口のところで待っていた。二人はこの毒殺者を逮捕し、彼女の自宅を封印し立ち入り禁止にすると、主塔が王室の牢獄として使われていたヴァンセンヌ城につれていった。マリー・ボッスという名の女性のおしゃべりの犠牲になったのである。貧困生活を送っていたボッスは、ラ・ヴォワザンの成功に嫉妬し、ラ・レイニー警部補から尋問されたさいに、ラ・ヴォワザンが毒薬を製造し販売したことによって財をなしたと告発したのだ。

臨時裁判

同年四月七日、事件の関係者が多いことから、ルイ一四世は、これらの犯罪を裁くための臨時法廷を作るように命令した。この王室法廷は「火刑裁判所」または「毒薬法廷」が置かれた場所にちなんで「砲兵工廠［兵器工場の意］法廷」とよばれた。常任国務顧問であったルイ・ブシュラが、審議をとり仕切ることになった。審議への報告担当者は二名、ブゾン国務顧問とパリ警視総監になったラ・レイニーである。主席検察官は、パリのシャトレで国王の検察官をつとめているロベールで、ほかの判事は国務顧問か国務調査官で占められていた。パリの高等法院はこの件についてはかかわりをもたなかった。というのも、パリの由緒ある一族の一部の人々に対して目こぼしをしている疑いがあり、高等法院の高位行政官自身が、そうした一族の出身であるのと同時に、この事件自体が、政治的な様相をおびていたからだ。

取り調べの最中、ラ・ヴォワザンと共犯者たちは、真偽のほどはわからないが、十数名の多少なりとも知られた名士たちをまきこんだ。たとえば、ラ・ヴォワザンは、かの有名なラシーヌが愛人であった女優デュ・パルクに毒を盛ったと聞いたことがある、と主張している。さらにはソワソン伯爵夫人、ブイヨン公爵夫人、アリュイ侯爵夫人、デュルール伯爵夫人、ポリニャック伯爵夫人を告発した。ソワソン伯爵夫人ことオリンピア・マンチーニは、マザラン宰相の姪であり、サヴォイア家の貴族と結婚し、「王妃の館」を管理する女官長をつとめていた。ルイ一四世の寵愛を失ったのち、一六六三年か一六六四年頃にこの占い師のもとを訪ね、国王の愛をとりもどせるような魔術を要求した。セヴィニェ夫人は次のように書き記している。「［ソワソン伯爵夫人は ラ・ヴォワザンに］自分のもとを去った愛人をとりもどすことは金輪際できないのだろうか［と たずねたそうです］。その愛人は大物らしく、自分のもとへ戻らないのならば後悔する羽目になるだろう、と彼女［ソワソン伯爵夫人］が言った、と聞きました。もちろんその愛人とは、国王のことなのですけど、このような話題が出るなんて、相当なものだとしか言いようがありません。この先どうなるかを見守りましょう。仮に彼女が重大な罪を犯していても、あのようなろくでもない女たちにそのことを話すわけがないでしょうし」。一部の情報筋によると、ソワソン伯爵夫人は、魔術なりほかの手段なりを使って国王とラ・ヴァリエール嬢を始末したいという希望を明言していたという。ポリニャック夫人、アリュイ夫人、デュルール夫人については、毒を用いてラ・ヴァリエール嬢、そして自分の夫をそれぞれ死にいたらしめるように頼んだようだ。同じくマザラン宰相の姪であったブイヨン公爵夫人は、ヴァンドーム公爵と結婚できるように夫の殺害のみを頼んでいた。

こうした告発は、非常に真剣に受けとめられた。ラ・レイニーは、当時ルイ一四世のお気に入りの相談役だった戦争大臣ルーヴォワに、直接訴訟手続の報告をしていた。するとルーヴォワがそのつど国王に知らせるのである。九月一六日、ルーヴォワ大臣は国王に「ラ・ヴォワザンは、はっきりと話しはじめた」と書き送った。九月末、ラ・ヴォワザンが、当時宮廷の人々が好んで居城にしていたサン＝ジェルマン＝アン＝レー城に何度かおもむき、モンテスパン夫人の侍女であったデズイエ嬢とやりとりがあった、と判明する。一〇月、呪術と毒に頼ったという告発が、当時もっとも人目を集めた将軍の一人であるリュクサンブール元帥と、同じく評判の高い軍人だったフキエール公爵に対してもおよぶようになった。

宮廷人の一部の関与

ルイ一四世は、「嫌悪感を隠すことなく」ラ・レイニーの尋問調書が読み上げられるのを聞き、「そこに名前があげられている人々に対する可能なかぎりの証拠をすべて」収集するように命じた。一六七九年一二月二七日、国王はサン・ジェルマンの自室にブシュラ、ブゾン、ラ・レイニー、ロベールを集めた。「陛下はわれわれに、きわめて強く厳しい言葉で、公共の利益のためにわれわれがこの嘆かわしい毒物取引の実態に深く切りこみ、可能なかぎり問題の根源を絶つことができるよう望んでいると強調しつつ、正義が行なわれ、われわれがその義務を果たすことを求めた。それから、だれであるか、どちらの性別であるか、どんな社会的立場にあるかによっていっさい区別することなく厳格な正義を行なうよう求めた。陛下は強い口調ではっきりと、かつ善意をもってそう言ったのである。ゆえに、この件についての陛下の意思を疑うこと、そして、調査を遂行するにあたって陛下がいだいている正義感を理解しないことなど論外である、と言った」と、ラ・レイニーは報告を残している。

一六八〇年一月、王室法廷での審問がはじまった。一月二二日、ブシュラは、司法当局が「身分の高い人々」の逮捕を決定した、と国王に伝えた。その面々は、リュクサンブール元帥、フキエール侯爵、セサック侯爵、ソワソン伯爵夫人、その妹のブイヨン公爵夫人、リュクサンブール元帥の妹のタングリ大公妃、アリュイ侯爵夫人、デュルール伯爵夫人であった。

リュクサンブールは自主的に入獄した。ソワソン伯爵夫人と友人のアリュイ侯爵夫人は、おそらく事前に警告されていたのだろう、二人とも逃亡した。ソワソン夫人については、セヴィニェ夫人がこのように書いている。「夜中に出発し、牢獄に入ることも、ろくでもない男女と対決しなければならない恥辱にまみれることもできない、と言ったそうです。アリュイ侯爵夫人も彼女と一緒でした。二人はナミュールへ向かいました。当局も、彼女たちの追跡までは考えていないようです。わたしにはじゅうぶん自然で高貴な態度だと思えますし、賛同します。夫人が告発された根拠は、彼女が何度も口にした下らない話、魔女や自称魔女のもとから帰ってくるときにはだれもがかならず口にするようなばかげた話だそうです」

ソワソン伯爵夫人の妹であるブイヨン公爵夫人は、毒薬法廷に出廷した。ラ・レイニーは、このマザラン宰相の姪に悪魔を見たか否かをたずねたようである。ヴォルテールによれば、ブイヨン公爵夫人は横柄に、悪魔ならばいまちょうど見ているところだ、と答えた。その悪魔は「ひどく見苦しくて醜く、国務顧問に変装している」と。セヴィニェ夫人は「それ以上の発見がなにもないのならば、これほどまでの身分の人々は本来この件から除外されるべきであったし、言語道断もはなはだしい」と指摘した。同じくセヴィニェ夫人は、ソワソン伯爵夫人に同行してラ・ヴォワザンの家へ行ったラ・フェルテ元帥夫人について、「この事件は、ふだんは味わえない喜びを彼女にあたえています。ということは、彼女は無実です」と皮肉めかして書いている。手紙魔のセヴィニェ夫人は、二種類の感情のあいだを行き来していた。一方では、噂話を広めたり気のきいたことを言ったりする喜びであり、他方では、このスキャンダルが自分の環境、つまり本来ならば、ラ・ヴォワザンや似たような輩が立ち入ることすら許されるべきではない館で暮らす貴族の世界に、汚名が着せられるのを見たくない、という気持ちだった。

容疑者のなかには、法の正義に身をゆだねた者もいれば、逃亡した者もいた。全員が逮捕されたわけではない。一六八〇年二月三日付けのラ・レイニーへの手紙のなかで、ルーヴォワは、運命がまだ定まっていない重要人物について述べている。「毒薬を使用したことがはっきりしており、あなたが宮廷に放置したままにするのが危険だと思っている人物について、陛下はこの事件についてあなたと話をするのがよいと判断されました。そのためには来週にでも、あなたにとってもっとも都合のよい日にここに来てほしいと望んでおられます。ただし、午前九時より前でなければなりません。国王執務室の扉の前にいてください。陛下は神に祈りを捧げたあとに、あなたを中に入れて、この件についてお話しされることでしょう」。その重要人物とはモンテスパン夫人をさしていたのかもしれない。

ルイ一四世はまず、このスキャンダルをもみ消すつもりはないことを知らしめた。一月四日、ルーヴォワはブシュラにこう伝えた。「国王は、裁判所が毒殺の罪を犯した者への処罰に必要な手続を続け、これほどまでに大きな犯罪を行なったと確信できるすべての者に対して、制約をまったく受けることなく動くことが王としての意思である、と裁判所に説明するよう、あなたに命じていらっしゃいます。国王は、それ以来、数日前から裁判所が決定をくだす際に行なわれた議論について通じていらっしゃるため、あなたに対して次のように伝えるようにわたしに命じられました。判事たちには王の保護があるとあなたが保証すること。そして、判事たちが当初と同じように毅然とした態度で、なんであれなにかしらの斟酌《しんしゃく》に気をとられてしまうことなく正義を行ないつづけるのを国王は期待している、とあなたが彼らに伝えるのを望んでいることを」

一六八〇年二月一七日、ラ・ヴォワザンは「砲兵工廠法廷」に出廷した。そして二日後、拷問を受け、公式に非を認めて謝罪したあと、生きたままの火刑に処されるべし、と宣告された。主席検察官は、舌をつき刺し手首を切り落とすことも要求したが、ほかの司法官は全員、それには反対した。拷問のあとに続いた尋問は、一九日の午後一時に行なわれたが、ラ・ヴォワザンはモンテスパン夫人については黙秘したままだった。二月二二日、ラ・ヴォワザンは、ヴァンセンヌ城の主塔からバスティーユ牢獄へ送られる。処刑は同日に、グレーヴ広場で行なわれた。セヴィニェ夫人は翌日、娘に宛てた手紙でそのようすを語っている。「ヴォワザン夫人について書かずにはいられません。火あぶりにされたのは、わたしがすでにあなたに伝えていた水曜日ではなく、つい昨日のことなのです。彼女は月曜日には自分がどのような裁きを受けるか知っていたなんて、とても尋常ではありません。その日の夜、夫人は守衛たちに『あら、ここではメディアノーチェ（カトリックで肉食が禁じられている日から許される日へ移行した深夜にとる夜食）はやらないの？』と言ったそうです。そんな気ままな思いつきで、夫人は夜中に守衛たちと食事をしました。肉食禁止の日じゃなくなりましたからね。たっぷりワインを飲んで、酒をたたえる歌を二〇曲歌ったそうです。五時になると、夫人は拘束されました。そしてたいまつを手に、囚人を運ぶ荷車に乗せられて、いわば火あぶり用の服である白装束でやってきたのです。夫人はすっかり紅潮していて、聴罪司祭［信者の罪の告白を聞き、赦しをあたえるカトリック司祭］と十字架像を激しくつき放すようすが見えました。ノートルダム寺院で、皆の前で非を悔いる言葉を述べるのを断固として拒否したあと、市庁舎の前で荷車から出まいとしてあらゆる抵抗を試みましたが、力ずくでひきずり出されました。火刑台の薪の上に座らされ、鉄かせをはめられ、藁で身体をおおわれると、夫人はさんざん悪口雑言を吐いたのです。かぶせられた藁を五、六回はらいのけましたが、ついに炎が立ちのぼり、姿が見えなくなりました。こうしていま、遺灰は空をただよっています。これが罪と瀆神で名をはせたヴォワザン夫人の最期でした」

五月になると、リュクサンブール元帥は、完全に嫌疑が晴れていないにもかかわらず釈放された。国王の命令により、元帥はしばらくのあいだ人目につかないよう、自分の領地に送られたのだ。セヴィニェ夫人は皮肉を残している。「わたしたちの哀れな兄弟（リュクサンブール）には、やましいことはいっさいないとはとてもいえるものではなく、マルセイユに行く羽目になった殿方たち（有罪となって漕役刑を受けた人々）は、それはもう多くのことを話したと噂されています。ブシュラ氏はこう言ったそうですよ。『われわれは確固たる証拠だけで判断するが、国王には状況証拠だけでじゅうぶんだ』と」。ようやく元帥がふたたび宮廷に現われたのはその一年後であり、大同盟戦争［イングランドやプファルツ選定侯領の継承権等にルイ一四世が介入しようとしたため、フランスが欧州各国を敵にまわし、欧州のみならず植民地でも利権を争った戦争］がはじまるまで職務には戻らなかった。

一六八〇年の夏、ラ・ヴォワザンの娘であるマリー＝マルグリットが証言することになった。彼女による暴露の対象は、直接モンテスパン夫人にもおよんだ。夫人はルイ一四世に媚薬を飲ませ、彼の「寵愛」を失わないよう、そしてラ・ヴァリエール嬢はいうにおよばず、最近ではフォンタンジュ嬢など王のほかの愛人たちにも死か不興をもたらすよう、黒ミサを捧げさせたという。毒をしみこませた手袋の力を借りて、フォンタンジュ嬢を亡き者にしようとしたり、さらには国王自身に手をかけようとしたりしたという話まで出たのである。

ヴォワザン夫人の娘はその後、母親の薬局で行なわれていた儀式には小さな子どもの生け贄《にえ》もふくまれていたと告白した。一六七六年の終わりか、あるいは七七年の初めの三回にわたって、ギブール神父はモンテスパン夫人の腹を祭壇にして黒ミサを行なったという。そのつど神父は「友情と愛の君主」であるアスタロトとアスモデウスの霊をよびだそうとして、彼らに乳児を生け贄として捧げ、その血を聖杯にそそぎ、心臓とはらわたを供物にした。侯爵夫人の名のもとに神父が唱えた呪文は、このようなものである。「アスタロト、アスモデウス、友情の君主よ、どうか国王や王太子からのご厚意をわたしが受けつづけることができますよう、宮廷の大公や大公妃にわたしが慕われつづけ、わたしが国王やわたしの家族、しもべたちのために、あなたにお願いすることとすべてを否定されることなきよう、生け贄として捧げるこの子どもをお納めくださいますよう切に願います」。生け贄にされた乳児の残骸とホスティエの残りは、ルイ一四世に摂取させることが前提だった媚薬を作るために、儀式のあとも保存された。

しかしながら、この黒ミサにおける一つのディテールが、モンテスパン夫人有罪説に疑いを投げかけている、といえよう。黒ミサの祭壇として自分の腹を提供した女性は仮面をつけていたといわれており、祭司のギブール神父もその顔を見ていなかったのだ。この件について強い関心をいだいている最近の歴史研究者は、同じく王と寝床をともにしたことがあるデズイエ嬢であったかもしれないと考えている。

太陽王はすべてやめることを選ぶ

一六八〇年九月三〇日、ルイ一四世は、「特定の事実」や「保留された事実」、つまり彼の庶子の母親であるモンテスパン夫人が問題視される可能性のあるあらゆる事柄が尋問調書から削除されるまで、王室法廷の業務を停止させた。この裁判所は、七か月後の一六八一年五月一九日まで再開されなかった。その後、公判が続けられたが、一六八二年七月二一日に解散するまでのことであった。そのさい、王室法廷の関係者たちは、スルシュ侯爵がいみじくも言ったとおり、「こうしたおぞましい事実」を毎日聞かされずにすむようになって嬉しく思ったのだ。同じ月には「毒殺者、占い師その他の処罰について」という勅令が発せられ「呪詛や毒薬を使うすべての者たち」のみならず「教会法でも世俗法でも禁じられている占い師、魔術師その他類似した名の軽薄な職業のもとに、民の心をまどわし堕落させる者たち」が糾弾された。毒殺の試みやその共犯、毒薬の製造は死刑に処せられる、と定められた。勅令によって、毒物の取引も規制されることになり、今後は少数の職業に限定され、登録が必須の対象となった。

毒物法廷はその三年間の活動期間中に四四二名を告訴し、三一九名の身柄拘束令を出し、一〇四件の判決を言い渡した。そのなかで、三六名が死刑判決を、五名が無期懲役判決を、一二三名が追放刑を受けた。醜聞を避けるべく「特定の事件」に関与したとして告発された者たちは、裁判にかけられることなく、王国の国境地帯にあるいくつかの城砦に死ぬまで拘束されることとなった。ラ・ヴォワザンの娘はベル＝イル島に追放され、ギブール神父はブザンソン城砦に幽閉された。毒薬事件で最後まで生き残ったのは、ブランヴィリエ夫人の小間使いであるアンヌ・ゲドンで、一七一七年、ヴィルフランシュにて七六歳で世を去った。

ルイ一四世の私生活においては、この事件は根本的に重要な転機を意味することになった。ラ・レイニーと毒薬法廷によって集められた資料によって、二〇年におよぶ恋愛生活が突如として、国王には違うように見えてきたのだ。王に何人も子どもをあたえた「勝ち誇る美貌の持ち主」は、ヒキガエルの粉やその他おぞましい混合物を自分に飲ませ、神を冒涜する儀式に参加し、さらには乳児殺しにも加担したのかもしれなかった。代々「いとも敬虔なキリスト教徒である王」という称号を受け継いできたフランス国王にとって、これは災難である。あまりにも放縦な生活を送ってきたせいで、ルイ一四世は、自分の身のまわりで起きた混乱の一部の尻ぬぐいをすることになったのである。

すでに陰りを見せていたモンテスパン夫人に対する寵愛は、こうした事実を知らされた以上、回復することはなかった。噂を避けるために、ゆっくりと少しずつモンテスパン夫人がのけ者にされていった一方で、そのかわりに敬虔でひかえめなマントノン夫人が、模範的な家庭生活を好むようになった国王のそばに置かれるようになった。一〇年あまりにもおよぶ、どっちつかずの屈辱的な生活ののち、モンテスパン夫人は観念してみずから宮廷を去った。

ルイ一四世は毒薬事件についての真相を決して知ることはなかったのかもしれない。同時に彼は、自分が亡きあとに捜査が再開されないようにしていた。一七〇九年七月一三日、ラ・レイニーの死から一か月後、国務会議の決定により、砲兵工廠法廷の文書の破棄が命ぜられた。公判手続の詳細は、警視総監だったラ・レイニーが作らせていた控えからしか、今日のわたしたちにはわからない。国王はその控えの存在を知らなかったのだ。同じ年、ラ＝ヴィルヌーヴ＝シュル＝グラヴォワの小さな丘は、平地にされることになり、それによって貧しい人々は仕事を得た。一九世紀になると、まさにこの地区は、ボンヌ＝ヌーヴェル（「福音」）という名がつけられることになる。

こうして「ヴォワザン夫人」が暮らした世界は、跡形もなくなってしまった。

ティエリー・サルマン

参考文献

Archives de la Bastille [édition par RAVAISSON-MOLLIEN François], Paris, A. DURAND et

PEDONE-LAURIEL, 1866-1904.（本件を語るうえではずせない出典。ラ・レイニーによってまとめられた捜査と裁判にかんする資料を出版したものである）
PETITFILS Jean-Christian, *Madame de Montespan*, Paris, Fayard, 1988.
QUÉTEL Claude, *Une ombre sur le Roi-Soleil : l'affaire des Poisons*, Paris, Larousse, 2007.
SAINT-GERMAIN Jacques, *La Reynie et la Police au Grand Siècle d'après de nombreux documents inédits*, Paris, Hachette, 1962.
SARMANT Thierry, *Louis XIV. Homme et roi*, Paris, Tallandier, 2012.

図版出典

Caligula, ©Photo 12 / Universal Images Group / Getty Images
Néron, empereur romain (37 av JC – 68 av JC), buste antique, ier siècle, ©Ullstein Bild / Getty Images
Frédégonde, épouse de Chilpéric ier, reine de France, ©Château de Versailles, Dist. RMN-Grand Palais / Image Château de Versailles
Ezzelino da Romano, Portrait de Ezzelino da Romano, ©DEA / G. DAGLI ORTI / De Agostini / Getty Images
Gilles de Rais, Graf Gilles de Montmorency-Laval, Baron de Rais, Marschall von Frankreich, Portrait, vermutl. 19. Jhdt. ©Ullstein Bild / Getty Images
Vlad III, l'Empaleur 1906, (1907), ©Print Collector / Hulton Archive / Getty Images
Le pape Alexandre VI, ©Hulton Archive / Getty Images
Tsar Ivan IV Vasilyevich dit «Ivan le Terrible» (1530-84), 1897 (huile sur toile), ©Victor Mikhailovich Vasnetsov / Art Image / Getty Images
Élisabeth Báthory (1560/1561-1614), comtesse de Transylvanie, membre de la famille royale de Hongrie, tableau, ©Apic / Hulton Fine Art Collection / Getty Images
L'affaire des Poisons… ©DEA PICTURE LIBRARY / De Agostini / Getty Images

◆編者略歴◆
ヴィクトル・バタジオン（Victor Battaggion）
ソルボンヌ大学で学んだ知識をもとに、幅広いメディアで活躍するジャーナリスト。歴史専門誌「イストリア」副編集長。著書に、歴史上の大人物たちの恥辱的エピソードを集めた『リディキュール』（フィルスト社、2013年）、編著に、古今東西の宮廷へと読者をいざなう『世界の宮廷の歴史』（ペラン社、2019年）などがある。2019年、ジュール・ミシュレ賞を受賞。

◆訳者略歴◆
神田順子（かんだ・じゅんこ）…まえがき、1－6、8章担当
フランス語通訳・翻訳家。上智大学外国語学部フランス語学科卒業。訳書に、ラズロ『塩の博物誌』（東京書籍）、ペルニエ＝パリエス『ダライラマ 真実の肖像』（二玄社）、ヴァンサン『ルイ16世』、ドゥデ『チャーチル』（以上、祥伝社）、共訳書に、デュクレ『女と独裁者──愛欲と権力の世界史』（柏書房）、ビュイッソンほか『王妃たちの最期の日々』、ラフィ『カストロ』、ゲニフェイほか『王たちの最期の日々』、ビュイッソンほか『敗者が変えた世界史』、ビュイッソン『暗殺が変えた世界史』、ゲズ『独裁者が変えた世界史』（以上、原書房）、コルナバス『地政学世界地図』（監訳、東京書籍）などがある。

田辺希久子（たなべ・きくこ）…7章担当
青山学院大学大学院国際政治経済研究科修了。翻訳家。最近の訳書に、グッドマン『真のダイバーシティをめざして』（上智大学出版）、共訳書に、ビュイッソン『暗殺が変えた世界史』、ゲズ『独裁者が変えた世界史』（以上、原書房）、コルナバス『地政学世界地図』（東京書籍）などがある。

松永りえ（まつなが・りえ）…9、10章担当
上智大学外国語学部フランス語学科卒業。訳書に、ブランカ『ヒトラーへのメディア取材記録──インタビュー 1923-1940』、モワッセフほか『ワインを楽しむ58のアロマガイド』（以上、原書房）、プイドバ『鳥頭なんて誰が言った？──動物の「知能」にかんする大いなる誤解』、ジャン『エル ELLE』（以上、早川書房）、共訳書に、マクロン『革命 仏大統領マクロンの思想と政策』（ポプラ社）、ヴィラーニ『定理が生まれる──天才数学者の思索と生活』（早川書房）などがある。

「悪《あく》」が変《か》えた世界史《せかいし》
上
カリグラからイヴァン雷帝《らいてい》、ヴォワザン夫人《ふじん》まで

●

2020年11月1日　第1刷

編者………ヴィクトル・バタジオン
訳者………神田順子《かんだじゅんこ》
田辺希久子《たなべきくこ》
松永《まつなが》りえ
装幀………川島進デザイン室
本文組版・印刷………株式会社ディグ
カバー印刷………株式会社明光社
製本………小泉製本株式会社
発行者………成瀬雅人

発行所………株式会社原書房
〒160-0022　東京都新宿区新宿1-25-13
電話・代表　03(3354)0685
http://www.harashobo.co.jp
振替・00150-6-151594

ISBN978-4-562-05851-8